PRAKTISCHE SELBSTMOTIVATION

PRAKTISCHE SELBSTMOTIVATION

22 einfache Zaubertricks für spürbar mehr Motivation

Jan Höpker

Dr. Jan Höpker:
PRAKTISCHE SELBSTMOTIVATION

Waldkirch, Februar 2017

Dr. Jan Höpker
Hohenzollernweg 6
70794 Filderstadt
habitgym.de@gmail.com
www.HabitGym.de

Erste Auflage

ISBN: 9781520591087

Die Deutsche Nationalbibliothek verzeichnet diese Publikation in der Deutschen Nationalbibliografie; detaillierte bibliografische Daten sind im Internet über http://dnb.dnb.de abrufbar.

INHALT

VORWORT

WAS DU IN DIESEM BUCH LERNEN WIRST

In diesem Buch lernst du 22 Ideen und Techniken kennen, die du nutzen kannst, um dich endlich selbst zu motivieren, all die Dinge zu tun, die du so gerne vor dir herschiebst. Dabei spielt es keine Rolle, ob du Schüler, Student, Angestellter, Selbstständiger oder ein Außerirdischer bist.

Jede einzelne der 22 Techniken aus diesem Buch kann Schülern und Studenten dabei helfen, mehr Motivation für das Lernen zu erzeugen. Die gleichen Methoden verhelfen auch Angestellten und Selbstständigen zu mehr Motivation für ihre Aufgaben und Projekte. Die Techniken sind universell einsetzbar.

Du möchtest endlich dauerhaft an deinen Neujahresvorsätzen dranbleiben? Du möchtest häufiger zum Sport gehen und weniger Zeit im Internet verbringen? Auch dir wird dieses Buch helfen.

Da es sich um einfache und sehr leicht umsetzbare Ideen und Techniken handelt, können diese größtenteils sofort angewendet werden. Du musst dieses Buch nicht einmal zu Ende lesen, bevor du damit beginnen kannst, dich effektiv selbst zu motivieren.

Doch Vorsicht! Dieses Buch ist kein Motivationsbuch. Es wird dich nicht motivieren – zumindest nicht dauerhaft. Dieses Buch leistet etwas Besseres: Es zeigt dir, wie du dich selbst motivieren kannst – von heute an und bis in alle Zukunft.

Sich selbst motivieren zu können, ist eine der wertvollsten Fähigkeiten, die erfolgreiche Menschen von ihren weniger erfolgreichen Artgenossen unterscheidet.

WIE DIESES BUCH AUFGEBAUT IST

Dieses Buch besteht aus drei Teilen. Im ersten Teil unterhalten wir uns kurz darüber, was Motivation eigentlich ist und wie sie funktioniert. Keine Angst, wir werden uns nicht zu lange mit der Theorie aufhalten. Im zweiten Teil zeige ich dir 22 Methoden, die dir dabei helfen werden, dich selbst für deine Aufgaben und Projekte zu motivieren. Die Methoden wirken eigenständig, können aber nahezu beliebig miteinander kombiniert werden, wodurch ihre Wirkung noch weiter verstärkt wird. Der dritte Teil enthält 163 motivierende Zitate von Personen wie Albert Einstein, Sokrates und Arnold Schwarzenegger. Gute Zitate wirken wie Gewürze bei einem guten Essen: sie runden die ganze Angelegenheit ab.

FÜR WEN DIESES BUCH IST

Dieses Buch eignet sich für alle Menschen, egal ob Schüler, Studenten, Angestellte oder Selbständige, die lernen wollen, sich selbst zu motivieren.

FÜR WEN DIESES BUCH *NICHT* IST

Dieses Buch eignet sich nicht für Menschen, die sich auf dem Sofa zurücklehnen und von außen mit Motivation berieseln lassen wollen. Motivation wird nicht auf dem Silbertablett serviert. Dieses Buch ist kein Motivationsbuch, es ist eine Anleitung zur Selbsthilfe. Der Leser muss bereit sein, selbst aktiv zu werden, bevor die Motivation zu ihm kommt.

Für Menschen, die wahre Wunder erwarten, ist dieses Buch ebenfalls nicht geeignet. Ich verspreche dir mehr Motivation, aber auch mit mehr Motivation wirst du nicht drei Meter über dem Boden schweben und durch Wände gehen können.

EINLEITUNG

DAS KLEINE 1X1 DER MOTIVATION

WAS MENSCHEN ANTREIBT

Ein Mensch wird von drei verschiedenen Motoren bewegt: Gewohnheiten, Willenskraft und Motivation. Wenn wir motiviert sind, dann tun wir eine Sache aus einem inneren Antrieb heraus. Mithilfe der Willenskraft tun wir die Dinge aus Vernunft. Unsere Gewohnheiten veranlassen uns dazu, bestimmte Dinge immer wieder zu tun, ohne uns jedes Mal erneut Gedanken zu machen.

Wir Menschen sind also grundsätzlich dazu in der Lage, auch solche Dinge zu tun, für die wir nicht motiviert sind. Allerdings ist die Willenskraft beschränkt, und es dauert eine Weile, bis sich Gewohnheiten gebildet haben. Leider gilt das insbesondere für gute Gewohnheiten. Schädliche Gewohnheiten bilden sich oft schneller und leichter.

Wer in seinem Leben viel erreichen will, muss lernen, alle drei Motoren zu nutzen und sie klug miteinander zu kombinieren. Jeder Motor hat ganz bestimmte Stärken und Schwächen. Wir können nicht alles mit Willenskraft erreichen, und wer sich nur auf seine Motivation verlässt, wird ebenfalls keine erstrebenswerten Ziele erreichen.

MOTIVATION

Meiner Erfahrung nach existieren zwei verschiedene Vorstellungen von Motivation. Für einige Menschen ist Motivation ein gutes Gefühl. Wenn sie sich mehr Motivation wünschen, dann wollen sie sich, bei dem was sie bereits tun, besser fühlen. Für die Menschen auf der anderen Seite des Grabens ist Motivation die Fähigkeit, überhaupt einmal in Aktion kommen zu können, unabhängig davon, wie sie sich dabei fühlen. Wenn sie sich Motivation wünschen, dann darf es auch ein Tritt in den Hintern sein. Hauptsache man kommt überhaupt in Bewegung.

Falls du zu denjenigen gehörst, die Motivation mit einem guten Gefühl gleichsetzen, muss ich dich leider enttäuschen. Motivation hat auch eine stark ausgeprägte negative Seite. Diejenigen Menschen, die am meisten bewegen, sind nur selten zufrieden. Unzufriedenheit ist einer der größten Motivatoren überhaupt. Unsere Gefühle haben die Aufgabe, uns einen Weg zu zeigen. Zufriedenheit sagt uns, dass der gegenwärtige Ist-Zustand zufriedenstellend ist. Alles kann so bleiben, wie es ist. Wir dürfen uns ausruhen. In diesem Zustand wäre Motivation fehl am Platz. Unzufriedenheit hingegen ist eine Handlungsaufforderung, die uns sagt, dass sich etwas ändern muss. Hier ist Motivation gefragt.

Leider können wir uns Motivation nicht herbeiwünschen, und wir können sie auch nicht mit logischen Argumenten herbeidiskutieren. Motivation wird vom Unterbewusstsein erzeugt und dieses folgt einer eigenen Logik. Vereinfacht gesprochen, werden Ist-Zustände mit Soll-Zuständen verglichen. Je größer die Diskrepanz zwischen diesen beiden Zuständen, umso größer ist die Unzufriedenheit. Unzufriedenheit jedoch führt nicht zwangsläufig zu Motivation. Unzufriedenheit kann nur dann zu Motivation führen, wenn ein Weg erkennbar ist. Wer nicht weiß, was er konkret tun kann, um aus seiner Situation zu entkommen, wird nicht motiviert sein. Er wird dauerhaft unzufrieden bleiben oder in Panik geraten.

Unser bewusstes Ich kann Motivation zwar nicht direkt selbst erzeugen, aber in einem gewissen Rahmen haben wir doch einen Einfluss auf unsere Motivation. Unsere Motivation hängt nämlich von einigen Faktoren ab, auf die wir bewusst Einfluss nehmen können. Wir können Hebel einsetzen, um wünschenswerte Motivation zu stärken und unerwünschte Motivation abzuschwächen. Auf diesem Prinzip beruhen die 22 Methoden in diesem Buch: sie verstärken die wünschenswerte Motivation und schwächen die unerwünschte Motivation ab.

POSITIVE UND NEGATIVE MOTIVATION

Unsere Gefühle sind wie ein Kompass. Mit allem, was wir tun, verfolgen wir im Grunde eines von nur zwei Zielen: Das eine Ziel besteht darin, Freude zu spüren und das andere Ziel ist die Vermeidung von Schmerzen. Entsprechend dieser beiden Ziele, führt auch die Motivation in zwei gegensätzliche Richtungen: entweder *hin zu* einer erwarteten Freude oder Belohnung, oder *weg von* einem befürchteten Schmerz. Es ist wichtig zu verstehen, dass es hier nicht darum geht, wo sich Belohnungen und Schmerzen tatsächlich befinden. Es geht nur darum, wo wir diese Gefühle vermuten. Unsere Motivation treibt uns in Richtung vermuteter Belohnungen und weg von vermuteten Schmerzen. Was unsere Vermutungen angeht, können wir uns gewaltig irren. Die negative Motivation ist übrigens deutlich stärker als die positive, was leicht damit erklärt werden kann, dass man nur einmal sterben kann. Dem Tod zu entkommen ist immer wichtiger, als eine Belohnung zu erhalten.

Wenn wir Schwierigkeiten damit haben, bestimmte Dinge zu tun, dann kann es dafür zwei verschiedene Ursachen geben: Entweder haben wir einen Mangel an hin-zu-Motivation, oder es gibt ein zu viel an weg-von-Motivation. Negative weg-von-Motivation entsteht durch negative Erfahrungen. Wer sich einmal an einer heißen Herdplatte die Finger verbrannt hat, wird nie wieder einfach so auf den Herd packen. So schmerzhaft muss die Erfahrung aber gar nicht sein, um weg-von-Motivation erzeugen zu können. Ein eigentlich harmloses Gefühl, wie Langeweile, kann da schon ausreichen. Wenn man sich Motivation für eine bestimmte Tätigkeit schaffen und erhalten möchte, sollte man daher unbedingt darauf achten, möglichst keine negativen Erfahrungen zu machen. Viele Menschen treffen an Sylvester gute Vorsätze für das neue Jahr. Studien zufolge scheitern neun von zehn guten Vorsätzen schon nach kurzer Zeit. Viele Menschen untergraben ihre Motivation, indem sie sich übernehmen und so schlechte Erfahrungen schaffen.

INTRINSISCHE UND EXTRINSISCHE MOTIVATION

Wir müssen zwei grundverschiedene Arten von Motivation unterscheiden: die intrinsische Motivation und die extrinsische Motivation. Wer intrinsisch für eine bestimmte Sache motiviert ist, tut diese Sache der Sache wegen. Wer extrinsisch motiviert ist, tut diese Sache nur, weil er eine externe Belohnung dafür erhält.

In dem sehr zu empfehlenden Buch *Drive* beschreibt der Autor Daniel Pink, unter welchen Voraussetzungen intrinsische Motivation entsteht. Er hat insgesamt drei Kriterien identifiziert, die allesamt erfüllt sein müssen, damit intrinsische Motivation möglich ist: Selbstbestimmung, Perfektionierung und Sinnerfüllung.

Selbstbestimmung bedeutet, dass man mich auf meine Art und Weise an einem Ziel arbeiten lässt. Sobald der genaue Lösungsweg von oben diktiert wird, löst sich intrinsische Motivation in Luft auf. Menschen wollen nicht ferngesteuert werden.

Bei der Perfektionierung geht es um Wachstum. Ein Mensch hat das Bedürfnis persönlich zu wachsen. Wir sind daher intrinsisch für Tätigkeiten motiviert, die unser persönliches Wachstum fördern.

Bei der Sinnerfüllung geht es darum, dass wir unsere Werte leben können. Ein Wert ist etwas, das einem persönlich wichtig ist. Unsere Werte entwickeln sich insbesondere in der Kindheit. Sie sind individuell.

Hobbys sind fast immer intrinsisch motiviert. Es ist hingegen schwierig, einen bezahlten Job zu finden, der alle Kriterien der intrinsischen Motivation erfüllt.

22 GEHEIMNISSE MOTIVIERTER MENSCHEN

GEHEIMNIS 1

MOTIVIERTE MENSCHEN ENTFERNEN DIE AUSLÖSER FÜR ABLENKUNGEN

Selbstmotivation ist die Fähigkeit, aus eigenem Antrieb heraus mit Aufgaben zu beginnen. Manchmal sind wir einfach nicht dazu in der Lage. Wir fühlen uns unmotiviert. Aber stimmt das wirklich? In vielen Fällen ist man gar nicht unmotiviert, sondern bloß für die falschen Dinge motiviert. Die Kunst bei der Selbstmotivation besteht darin, die Motivation für die zu erledigende Aufgabe zu verstärken und die Motivation für Ablenkungen zu reduzieren.

MEINE KÜCHE DEMOTIVIERT MICH

Kommt dir die folgende Situation bekannt vor? Schon seit einigen Minuten sitze ich am Küchentisch vor meinem Laptop und möchte dieses Kapitel schreiben. Das Thema des Kapitels steht schon fest: Es soll darum gehen, wie Ablenkungen unsere Motivation sabotieren. Anstatt mit dem Schreiben zu beginnen, habe ich erst einmal Musik angemacht. Entspannte Klänge direkt aus dem Internet. Als ich den Browser offen hatte, um die Musik auszuwählen, habe ich kurz bei Twitter reingeschaut. Siehe da, ich hatte einen neuen Follower. Der Neuen sah interessant aus. Seine Webseite hat mich aber nicht angesprochen. Da fällt mir ein, dass ich meine eigene Webseite dringend überarbeiten sollte. Die ausgewählte Musik gefällt mir nicht. Ich wähle andere Musik aus. Schon besser. Kein neuer Follower bei Twitter. Rechts neben der Spüle steht die schmutzige Auflaufform von heute Mittag. Ich nehme mir vor, sie später zu spülen. Links neben der Spüle steht der Kaffeeautomat. Jetzt habe ich Lust auf einen Kaffee. Dauert ja nur eine Minute. Der Kaffeeautomat möchte schon seit gestern gereinigt und entkalkt werden. Auch das nehme ich mir für später vor.

Ich erfinde diese Dinge übrigens nicht. Ich schreibe einfach nur auf, was mir hier in meiner Küche durch den Kopf geht. Hätte ich all die ablenkenden Gedanken nicht aufgeschrieben, wäre das Papier noch immer leer. In den letzten zwei Minuten übrigens keine neuen Follower bei Twitter.

WARUM ICH MICH SO UNMOTIVIERT VERHALTE

Versteh mich nicht falsch: Ich habe große Lust, dieses Kapitel zu schreiben und ich weiß auch sehr genau, was ich schreiben möchte. Man könnte sagen, dass ich grundsätzlich hoch motiviert bin. Ich schaffe es jedoch nicht, meine Motivation in Taten umzuwandeln. Die Reifen drehen durch, ich komme einfach nicht vom Fleck.

Mein Problem ist, dass das Schreiben nicht die einzige Sache ist, für die ich motiviert bin. Neben dem Schreiben bin ich außerdem noch motiviert, die Küche sauber zu halten und mir eine Gefolgschaft bei Twitter aufzubauen. Musik, Twitter, Kaffee, eine aufgeräumte Küche, den Text schreiben … für all diese Dinge bin ich motiviert. Und da ich für all diese Dinge motiviert bin, konkurrieren diese Dinge um meine Aufmerksamkeit. Wenn man fokussiert arbeiten möchte, dann ist so ein Konkurrenzkampf im eigenen Kopf nicht gerade hilfreich.

Leider kann ich nicht einfach beschließen, genau jetzt vorübergehend keine Musik und keinen Kaffee mehr zu mögen. Meine Motivation wird ja von meinem Unterbewusstsein erzeugt.

DER KERN DES PROBLEMS: AUSLÖSER

Um das Problem mit der konkurrierenden Motivation elegant lösen zu können, muss man ein paar Dinge über Motivation und Konzentration verstehen. Hierzu kann ich das Buch *Unser Autopilot* von Jens Förster empfehlen. In dem Buch wird erklärt, dass meine Motivation meine Aufmerksamkeit steuert: Sobald eine Sache in meinem Blickfeld auftaucht, die mit irgendetwas zu tun hat, wofür ich motiviert bin, drängt sich mir diese Sache penetrant in mein Bewusstsein. Sie springt mir förmlich ins Gesicht. Sobald ich das Browserfenster auf meinem Bildschirm sehe, muss ich ganz automatisch an Twitter denken. Vielleicht reicht auch schon der Anblick meines Computers aus. Wenn ich rüber zur Spüle blicke, klebt mein Blick sofort an der schmutzigen Auflaufform.

Es ist wichtig, zu verstehen, dass man an der Wirkung von Auslösern wenig ändern kann. Sobald einer dieser Auslöser in mein Blickfeld gelangt, ist die volle Konzentration auf das Schreiben dahin. Wenn es an einem Ort viele Auslöser gibt, dann kann es passieren, dass man ständig von einem

Auslöser zum nächsten Auslöser springt und am Ende wieder beim ersten Auslöser ankommt. Man dreht sich endlos im Kreis und kommt nie dazu, die Dinge zu tun, die man eigentlich tun sollte.

Es gibt nur eine Möglichkeit, diesen Ablenkungen zu entkommen: Die Auslöser dürfen nicht im Blickfeld sein. Man muss sich einen Auslöser-armen Ort schaffen.

ABLENKUNGEN KÖNNEN MOTIVATION DAUERHAFT ZERSTÖREN

Das gravierendste Problem mit den ständigen Ablenkungen ist nicht, dass sie uns sehr viel Zeit kosten. Das Problem ist, dass sie unsere Motivation zerstören. Vereinfacht gesprochen möchte unser Gehirn, dass unsere Taten mit unserer inneren Einstellung übereinstimmen. Um das zu erreichen, macht das Gehirn nicht davor halt, unsere innere Einstellung an das anzupassen, was wir tatsächlich tun. Wenn mein Blatt Papier nach Stunden immer noch leer ist, dann wird mein Gehirn meine innere Einstellung dem Schreiben gegenüber an dieses Verhalten anpassen. Ich werde das Schreiben doof finden, und ich werde nach einiger Zeit sogar glauben, dass ich das Schreiben schon immer doof fand. Erinnerungen werden nämlich ebenfalls nachträglich angepasst. Eine interessante Lektüre zu diesem Thema ist das Buch *Aussetzer* von Daniel Schacter, einem US-amerikanischen Psychologen und Gedächtnisforscher.

Ablenkungen sorgen also nicht nur dafür, dass man länger braucht, um die Sache zu erledigen. Ablenkungen könnten auf Dauer sogar dafür sorgen, dass die Motivation komplett verloren geht.

WAS MAN KONKRET TUN KANN

Wenn du eine bestimmte Aufgabe zu erledigen hast, solltest du dich so wenigen Auslösern für Ablenkungen aussetzen, wie nur möglich. Unmotivierten Schülern und Studenten wird gerne der Ratschlag gegeben, sie sollen ihren Schreibtisch aufräumen, damit sie sich besser konzentrieren können. Diese Maßnahme ist nur dann hilfreich, wenn die Auslöser für Ablenkungen vom Schreibtisch verschwinden. Sie einfach nur ordentlich anzuordnen, löst das Problem noch nicht.

Welche Gegenstände als Auslöser für ablenkende Gedanken wirken, ist von Menschen zu Mensch unterschiedlich. Für mich persönlich habe ich insbesondere die folgenden Auslöser identifiziert: Fernbedienungen, mein Smartphone, bestimmte Icons auf dem Desktop oder in der Taskleiste meines Computers, ein offenes Browserfenster, Gesang in Musik, bestimmte Bücher im Regal und Erinnerungsfotos.

Achte eine Weile lang bewusst darauf, wie deine Gedanken am Arbeitsplatz fließen und wodurch diese Gedanken ausgelöst wurden. Wie das bei mir heute ablief, steht ja weiter oben. Es macht Sinn, diese Übung schriftlich durchzuführen, weil ablenkende Gedanken nicht im Gedächtnis gespeichert werden. Wir erinnern uns schon nach wenigen Minuten nicht mehr an sie, wenn wir sie nicht aufschreiben.

GEHEIMNIS 2
MOTIVIERTE MENSCHEN NUTZEN ROUTINEN

Aus reiner Gewohnheit tun wir jeden Tag automatisch viele Dinge, ohne uns dessen wirklich bewusst zu sein. Wissenschaftler haben herausgefunden, dass etwa 40 % unserer täglichen Entscheidungen auf Gewohnheiten basieren. Bei fast allen Menschen beginnt jeder Morgen mit der immer gleichen Morgenroutine. Bei vielen Menschen sieht die Morgenroutine ungefähr so aus: Aufstehen, ins Bad, anziehen, Frühstück. Erst wenn etwas Unvorhergesehenes passiert, bricht die Routine ab.

Für Dinge, die wir aus Gewohnheit tun, brauchen wir keine Motivation. Wir tun sie automatisch. Ich kenne viele Menschen, die am Nachmittag keine Lust haben, sich umzuziehen, aber ich kenne niemanden, der morgens auch nur darüber nachdenkt, ob er überhaupt Lust hat, sich anzuziehen. Man tut es einfach, weil man es gewohnt ist. Routinen können uns dabei helfen, regelmäßig unliebsame Aufgaben zu erledigen, ohne uns jedes Mal aufs Neue dazu überwinden zu müssen.

ROUTINEN SIND ANEINANDERGEREIHTE GEWOHNHEITEN

Einige Dinge tut man einfach nicht so gerne und deswegen schiebt man sie unmotiviert vor sich her. Das blöde daran ist, dass man die Dinge auf diese Weise nicht nur nicht erledigt, sondern dass man sich beim Aufschieben meist auch nicht so gut fühlt. Für mich persönlich war Putzen lange Zeit ein solcher Problemfall. Als Student habe ich mein WG-Zimmer nur geputzt, wenn ich gerade Lust hatte. Das war etwa alle drei bis vier Wochen der Fall. Lust auf Putzen hatte ich erst, nachdem ich schon mit dem Finger meinen Namen in die Staubschichten schreiben konnte. Vielleicht ist es übertrieben, von Lust zu sprechen. Es war eher so, dass ich mich nicht länger vor der Notwendigkeit zu putzen, verstecken konnte.

Seit ein paar Jahren brauche ich keine Unmengen an Motivation mehr, um putzen zu können. Ich putze die Wohnung an einem fixen Wochentag direkt nach dem Frühstück. Schon nach wenigen Wochen stellte sich für mich gar nicht mehr die Frage, ob ich Lust auf Putzen habe. Es ist einfach Putztag. Basta. Um mir das Putzen schmackhaft zu machen, wende ich noch einen weiteren Trick an, über den wir später noch sprechen werden.

Meine Routine ist vor allem deswegen so erfolgreich, weil ich sie direkt an eine bereits bestehende Routine angehängt habe: das Frühstück. Würde ich nicht gleich morgens putzen, sondern irgendwann am Nachmittag, dann wäre es bestimmt nicht so leicht gewesen, mir regelmäßiges Putzen zur Gewohnheit zu machen. Ich hätte viel mehr Möglichkeiten, das Putzen auf später zu verschieben, nur um später zu beschließen, dass es schon zu spät ist, um zu beginnen.

FAZIT

Wenn du dich mit einer bestimmten regelmäßigen Aufgabe schwertust, dann integriere diese Aufgabe in eine bereits bestehende Routine. Die Zeit nach dem Frühstück ist noch aus einem anderen Grund ideal: Zu dieser Tageszeit steht uns noch ausreichend Willenskraft zur Verfügung. Willenskraft wird zwar nicht mehr nötig sein, wenn die Routine erst einmal funktioniert, aber bis es so weit ist, muss man sich schon ein wenig anstrengen und das klappt morgens am besten.

GEHEIMNIS 3

MOTIVIERTE MENSCHEN KOPPELN MOTIVIERENDE TÄTIGKEITEN AN NICHT-MOTIVIERENDE TÄTIGKEITEN

Lass mich raten: Es gibt in deinem Leben einige wichtige, aber nicht dringende Aufgaben, die zwar erledigt werden sollten, die du aber nicht angehst, weil du nicht ausreichend motiviert bist. Woher ich das weiß? Weil das auf fast alle Menschen zutrifft. In diesem Kapitel stelle ich dir einen Trick vor, mit dem du es schaffen könntest, den Stein endlich ins Rollen zu bringen.

EXTRINSISCHE UND INTRINSISCHE MOTIVATION

Unsere Motivation für eine bestimmte Tätigkeit kann entweder intrinsischer oder extrinsischer Natur sein. Intrinsische Motivation liegt vor, wenn man eine Sache nur der Sache wegen tut, ohne dass man dafür eine Belohnung braucht. Die allermeisten Menschen sind für ihre Hobbys und für ihre Freizeitgestaltung *intrinsisch* motiviert. Wenn man eine Sache nur für eine Belohnung tut, dann ist man für diese Sache *extrinsisch* motiviert. Kaum jemand würde freiwillig an einem Fließband oder in einem Callcenter arbeiten, wenn er dafür kein Gehalt bekäme. Von außen für intrinsische Motivation zu sorgen, gilt als nahezu unmöglich. Entweder man ist intrinsisch motiviert, oder man ist es nicht.

Vielleicht gibt es aber doch eine Möglichkeit, sich selbst mit Hilfe eines kleinen Zaubertricks intrinsisch für eine bestimmte Tätigkeit zu motivieren.

SO KANNST DU INTRINSISCHE MOTIVATION FÜR EINE TÄTIGKEIT ERZEUGEN

Am besten lässt sich diese Strategie an einem praktischen Beispiel erklären: Nehmen wir einmal an, dass ich Putzen so unglaublich blöd finde, dass ich jede nur erdenkliche Ausrede nutze, um diese Tätigkeit bis zum Sankt-Nimmerleins-Tag vor mir herzuschieben. Ich putze einfach nicht. Lieber lebe ich im Dreck. Ich bin nicht motiviert, zu putzen. Nehmen wir außerdem an, dass ich mir unglaublich gerne Podcasts und Hörbücher anhöre. Leider komme ich aber selten dazu, denn es würde mich bei der Arbeit zu sehr ablenken und in meiner Freizeit mache ich schon genug andere Dinge.

Der Trick besteht nun darin, das eine mit dem anderen zu kombinieren. Ich kreiere quasi eine neue Tätigkeit, nämlich *Podcast-hörend zu putzen*. Putzen und Podcast hören gibt es von nun an nur noch im Doppelpack. Nie mehr werde ich Podcast hören, ohne dabei zu putzen. Die Tätigkeit, zu der ich überhaupt nicht motiviert bin, profitiert dabei von einer Tätigkeit, zu der ich sehr wohl motiviert bin. Für die neue Tätigkeit (Podcast-hörend putzen) bin ich zwar nicht ganz so stark motiviert, wie für das Hören von Podcasts an einem angenehmen Ort, aber vielleicht reicht es ja aus, um mich dazu zu bringen, einmal pro Woche die Wohnung zu putzen.

Ich habe genau diese Methode getestet und sie funktioniert einwandfrei. Keine Lust zu kochen? Stell den Fernseher in die Küche und schalte ihn nur noch zum Kochen ein. Keine Lust früh ins Bett zu gehen? Nimm ein gutes Buch mit. Keine Lust auf Sport oder Spaziergänge? Auch hier helfen Hörbücher und Podcasts.

GEHEIMNIS 4
MOTIVIERTE MENSCHEN MACHEN SICH DAS ANFANGEN SO LEICHT WIE MÖGLICH

Einfälle, wie zum Beispiel, dass man endlich mal wieder zum Sport gehen oder dieses Mal rechtzeitig damit anfangen sollte, sich auf eine Klausur vorzubereiten, kommen uns oft in einem Moment, in dem es nicht möglich ist, sofort loszulegen. Mir persönlich kommen solche Einfälle häufig beim Spazierengehen, im Auto oder abends kurz vor dem Einschlafen. Nicht selten nimmt man sich in dieser Situation fest vor, die Sache möglichst bald anzugehen, zum Beispiel gleich am nächsten Tag. Und dann kommt der nächste Tag und es passiert gar nichts. Kommt dir das bekannt vor?

MOTIVATION IST WAHRSCHEINLICHKEIT

Von außen betrachtet ist Motivation nichts anderes als eine Wahrscheinlichkeit. Eine hohe Motivation bedeutet, dass man eine Idee mit hoher Wahrscheinlichkeit umgesetzt wird. Eine niedrige Motivation bedeutet, dass eine Umsetzung eher nicht zu erwarten ist. In diesem Sinne kann die Motivation für einen bestimmten Plan erhöht werden, indem man dafür sorgt, dass die Umsetzungswahrscheinlichkeit steigt. Wer sich auf diesem Wege selbst motivieren möchte, hat prinzipiell zwei Möglichkeiten: Man kann Faktoren beseitigen, die sich negativ auf die Umsetzungswahrscheinlichkeit auswirken, und man kann Faktoren schaffen, die sich positiv auswirken. Die Strategie, um die es in diesem Kapitel geht, bewirkt Letzteres: Sie erhöht die Umsetzungswahrscheinlichkeit.

SO KANN DIE UMSETZUNGSWAHRSCHEINLICHKEIT ERHÖHT WERDEN

Um Aufgaben und Projekte in Zukunft mit hoher Wahrscheinlichkeit anzugehen, müssen wir damit aufhören, uns ständig selbst zu betrügen. Wir müssen einsehen, dass es nicht ausreicht, wenn wir uns eine Sache nur in Gedanken vornehmen. Aus irgendeinem Grund können wir Menschen diesen Fehler immer und immer wieder machen, ohne etwas aus diesem Fehler zu lernen. Die einzig funktionierende Lösung besteht darin, sofort einen ersten Schritt zu tun. Die Idee muss in der realen Welt verankert werden.

Wenn ich ein bestimmtes Vorhaben auf jeden Fall durchziehen möchte, dann wende ich einen Trick an. Sagen wir ich möchte unbedingt den Müll runter bringen. Wenn ich mir einfach nur vornehme, später den Müll runter zu bringen, dann vergesse ich das sehr oft. Wahrscheinlich liegt das daran, dass sich der Müll in der Küche unter der Spüle befindet, sodass ich ihn nicht ständig sehe (kein sichtbarer Auslöser). Der Müll gerät schnell in Vergessenheit. Nicht an den Müll zu denken, ist das gleiche wie nicht motiviert zu sein. Um den Müll nicht zu vergessen, knote ich den vollen Müllbeutel zu und hänge ihn von innen an die Wohnungstür. Dadurch steigt meine Motivation, den Müll tatsächlich rauszubringen.

Wenn du einen Plan schmiedest, diesen aber nicht sofort umsetzen kannst, dann solltest du das gleiche mit deinen Sport-, Lern- oder Putzsachen machen. Mit dem Plan in deinem Kopf ist es nämlich das gleiche wie mit dem Müll hinter der geschlossenen Schranktüre: Aus den Augen, aus dem Sinn.

Folgende Schritte eignen sich, um den Plan in deinem Kopf länger sichtbar zu halten: Das Equipment bereitlegen (Lernsachen, Putzsachen, Sportsachen, etc.). Jemanden benachrichtigen oder sich mit jemandem verabreden. Einen Zettel schreiben. Sich eine Notiz auf dem Smartphone machen.

GEHEIMNIS 5

MOTIVIERTE MENSCHEN ÜBERZEUGEN SICH MIT EINEM TRICK ZUM ANFANGEN

Du warst mal motiviert, aber jetzt bist du es nicht mehr? Du möchtest deine verloren gegangene Motivation wiederfinden? In diesem Kapitel zeige ich dir einen einfachen Trick, der sehr gut funktioniert.

Eigentlich macht mir das Schreiben großen Spaß. Trotzdem drücke ich mich manchmal davor, mit einem neuen Artikel für meinen Blog zu beginnen. Nach längeren Schreibpausen kommt das besonders häufig vor. Anstatt zu schreiben, prokrastiniere ich. Es scheint, als hätte ich meine Motivation verloren. Mit dem Sport verhält es sich ähnlich: Seit über 15 Jahren jogge ich prinzipiell sehr gerne, in guten Zeiten fast täglich. Nach einer längeren Pause – zum Beispiel nach einer Erkältung oder wenn es im Winter zu eisig und kalt ist – fällt es mir aber unglaublich schwer, mich für den ersten Lauf zu motivieren. Meine Motivation scheint schon ohne mich losgelaufen zu sein. Hier bei mir ist sie jedenfalls nicht. Sicherlich kommt dir dieses Motivationsproblem bekannt vor: Die Motivation war mal da, aber jetzt ist sie weg. Wie kann man die verlorengegangene Motivation wiederfinden?

DIE MOTIVATION WIEDERFINDEN

Es gibt eine Strategie, die in diesen Situationen sehr gut hilft. Diese Strategie zielt darauf ab, verloren gegangene Motivation wieder zu finden. Sie funktioniert also vor allem bei Tätigkeiten, für die man in der Vergangenheit bereits motiviert war. Der Trick besteht darin, einen kleinen ersten Schritt zu tun.

Für einen langen Artikel brauche ich teilweise einen ganzen Tag. Ein kurzer Artikel schreibt sich nicht in unter zwei Stunden. Bei der Aussicht, mehrere Stunden vor dem Rechner zu sitzen, reicht meine Motivation einfach nicht aus, um mit dem Schreiben loszulegen. In Anbetracht dieser Mammutaufgabe bin ich einfach nicht motiviert loszulegen. Mein Unterbewusstsein verweigert die Motivation. In vielen Fällen würde meine Motivation für einen kleinen ersten Schritt durchaus reichen. Meine Motivation reicht aus, um meinen Rechner hochzufahren, mich in die Blog-Software einzuloggen und den ersten Satz zu schreiben. Ganz unverbindlich und ohne Stress. Mit dem Joggen ist es das gleiche: Nach drei Wochen Pause gleich ein 10-Kilometer-Lauf? Lieber nicht. Warum nicht stattdessen die Sportsachen anziehen und sich nur einen halben Kilometer vornehmen? Dafür reicht die Motivation fast immer aus.

... UND DANN PASSIERT EIN WUNDER

Du fragst dich vielleicht, was es bringen soll, den ersten Satz zu schreiben, wenn die Hausarbeit 30 Seiten umfassen und in einer Woche abgegeben werden muss. Nach einem halben Kilometer joggen ist man noch nicht einmal warm. Wozu das Ganze?

Probiere es einfach aus! Du wirst feststellen, dass es in vielen Fällen nicht bei ein paar Wörtern oder bei einem halben Kilometer bleiben wird. Während du nämlich den ersten halben Absatz schreibst oder den ersten halben Kilometer läufst, wirst du sehr oft deine alte Motivation wiederfinden. Du wirst deutlich mehr schreiben und weiter laufen, als du dir vorgenommen hast

Wichtig ist, dass du dir selbst erlaubst, nach dem ersten Satz oder dem halben Kilometer aufzuhören, ohne von dir selbst enttäuscht zu sein. Dein Ziel ist der erste Satz. Dein Ziel ist der erste halbe Kilometer. Alles, was darüber hinausgeht, ist ein Bonus und lässt sich nicht erzwingen. Der Bonus wird aber öfters ausgeschüttet, als du vielleicht glaubst. Glaub mir!

WARUM DIESE STRATEGIE FUNKTIONIERT

Dass diese Strategie funktioniert hat einen einfachen Grund: Anfangen und weitermachen sind zwei Paar Schuhe. Bei Tätigkeiten, die in der Vergangenheit bereits gut funktioniert haben, betrifft das Motivationsproblem oft nur das Anfangen. Die Tätigkeit selbst ist – vereinfacht gesprochen – bereits zu einer Gewohnheit geworden und läuft daher einigermaßen mühelos ab. Worauf es also ankommt, ist das Anfangen. Je weniger man sich selbst unter Druck setzt, umso einfacher ist das Anfangen.

GEHEIMNIS 6

MOTIVIERTE MENSCHEN HINTERFRAGEN AUFGABEN MIT EINEM GEDANKENSPIEL

Frage dich zuerst, was passieren wird, wenn du deine Aufgabe nicht erledigst. Frage dich als nächstes, was passieren wird, wenn du die Aufgabe doch erledigst. Stelle dir beide Szenarien möglichst bildlich und mit vielen Details vor.

Bei diesem Gedankenspiel geht es nicht bloß darum, Motivation für die entsprechende Aufgabe zu erzeugen. Ein weiterer Sinn dieser Übung besteht darin, herauszufinden, ob bestimmte Aufgaben wirklich erledigt werden müssen. Vieles von dem, was wir glauben tun zu müssen, ist in Wirklichkeit gar nicht so wichtig. Wenn wir unsere Zeit und unsere Energie und Motivation mit unwichtigen Aufgaben verschwenden, bleiben weniger Zeit, Energie und Motivation für die wirklich wichtigen Aufgaben.

GEHEIMNIS 7
MOTIVIERTE MENSCHEN NUTZEN VORBILDER UN VERGLEICHE

Wie zufrieden wir mit unserem Auto sind, hängt maßgeblich davon ab, welches Auto vor der Garage unseres Nachbarn steht. Ob wir einen 8-Stunden-Arbeitstag als besonders stressig empfinden, hängt auch davon ab, wie lange die Menschen um uns herum arbeiten müssen. Wir Menschen bewerten die meisten Dinge nicht absolut, sondern in Relation zu unserer Umgebung.

Die Tatsache, dass unser Unterbewusstsein so gerne Vergleiche anstellt, können wir uns zunutze machen, um uns selbst zu motivieren: Wenn uns unsere Aufgabe als zu groß erscheint, müssen wir sie nur mit einer extremen Aufgabe vergleichen, die von anderen Menschen bewältigt werden konnte. Plötzlich erscheint uns unsere eigene Aufgabe dann nicht mehr so unschaffbar groß zu sein.

Für diesen Trick schlage ich die folgenden menschlichen Höchstleistungen vor:

DER BAU DER CHEOPS-PYRAMIDE

Die Pyramide hat eine Grundfläche von 230 x 230 Metern und war ursprünglich etwa 150 Meter hoch. Sie besteht aus 2,3 Millionen Steinen, von denen jeder mindestens zweieinhalb Tonnen wiegt. Mit dem Bau waren mehrere Zehntausend Mann mehrere Jahrzehnte lang beschäftigt. Die Pyramide wurde tatsächlich gebaut.

DAS APOLLO-PROGRAMM DER NASA

Das Apollo-Programm lief von 1961 bis 1972 und hatte das Ziel, Menschen auf den Mond zu bringen. Nach heutigen Maßstäben kostete das Programm etwa 120 Milliarden US-$ und beschäftigte bis zu 400.000 Menschen. Der Start der Saturn V Rakete soll das am zweitweitesten zu hörende von Menschen verursachte Geräusch gewesen sein. Noch in 20 Kilometern Entfernung zerbrachen regelmäßig die Fensterscheiben. Nur Atombomben sind noch lauter. Am 21. Juli 1969 stand Neil Armstrong tatsächlich auf dem Mond.

Übrigens hatte der Walmart-Gründer Sam Walton vor seinem Tod im Jahre 1992 ein Privatvermögen von etwa 160 Milliarden US-$. Damit hätte er das gesamte Apollo-Programm aus eigener Tasche bezahlen können. Danach wäre er immer noch der reichste Mensch der Erde gewesen.

ELON MUSK

Der gebürtige Südafrikaner ist CEO von zwei Multi-Milliarden-Dollar-Unternehmen (Tesla und SpaceX), von denen sich eines in San Francisco und eines in Los Angeles befindet. Er pendelt ständig zwischen den beiden Firmen hin und her und kümmert sich nebenbei auch noch regelmäßig um seine fünf Söhne.

THOMAS EDISONS 1.000 EXPERIMENTE

Thomas Alva Edison musste etwa 1.000 Experimente durchführen, bis er ein Material fand, welches sich für den Glühfaden einer Glühbirne eignete. Er ist fast 1.000-mal gescheitert ohne aufzugeben.

Fühlst du dich jetzt motiviert?

GEHEIMNIS 8
MOTIVIERTE MENSCHEN MACHEN IHREN KOPF FREI

Die Motivation für eine bestimmte Tätigkeit lässt sich steigern, indem man die Motivation für konkurrierende Tätigkeiten reduziert. In diesem Kapitel erkläre ich dir, wie du dich durch strategische Demotivation besser motivieren kannst.

WIE DU DICH SELBST STRATEGISCH DEMOTIVIERST

Motivation für eine bestimmte Tätigkeit äußert sich darin, dass wir an sie denken müssen und dabei auch ein mehr oder weniger starkes Gefühl von *Los jetzt!* verspüren. Genau das müssen wir bei den Dingen, für die wir nicht motiviert sein wollen, verhindern.

Der *Zeigarnik-Effekt* ist ein psychologischer Effekt, der beschreibt, wann wir an bestimmte Aufgaben denken müssen. Wie die russische Psychologin Bluma Seigarnik (ihr Name wird tatsächlich mit „S" geschrieben, während man den Effekt mit „Z" schreibt) im Jahr 1927 herausgefunden hat, ist dies insbesondere für unterbrochene und unerledigte Aufgaben der Fall.

Wir sind also motiviert, Dinge zu beenden, die wir bereits begonnen haben. Diese Motivation mag vielleicht nicht besonders hoch sein, aber zumindest reicht sie aus, um uns von unserer aktuellen Tätigkeit abzulenken. Aus Selbstbeobachtung kann ich diesen Effekt bestätigen. Interessant ist, dass das Gehirn eine Aufgabe als erledigt betrachtet, wenn man sie auf eine To-do-Liste schreibt.

WAS DU KONKRET TUN KANNST

Wenn du für eine bestimmte Tätigkeit motiviert sein möchtest, dann solltest du vorher möglichst keine anderen Tätigkeiten beginnen, ohne diese zu beenden. Beende außerdem alle Aufgaben, die du schnell beenden kannst, bevor du mit der Tätigkeit beginnst, für die du motiviert sein möchtest. Schreibe alle angefangenen Tätigkeiten, die du nicht schnell noch beenden kannst, auf eine To-do-Liste. Wenn du all das tust, wird dein Gehirn dich mit demotivierenden Gedanken verschonen.

GEHEIMNIS 9
MOTIVIERTE MENSCHEN ACHTEN AUF IHRE SPRACHE

Dir wird schon übel wenn du Wörter wie *lernen* oder *arbeiten* hörst? Sprache hat einen großen Einfluss auf unsere Motivation. Insbesondere negative Sprache kann uns demotivieren.

Achte darauf, nicht negativ über deine Aufgabe zu sprechen. Verwende positive Wörter. Meide auch Mitmenschen, die negativ über deine Aufgaben sprechen. Wenn du in der Bibliothek lernst, stell dich in der Pause nicht zu den Leuten, die darüber schimpfen, wie sehr sie vom Lernen genervt sind. Versuche herauszufinden, welche Wörter für dich negativ besetzt sind und dann meide oder ersetze diese Wörter. Sage nicht *ich muss arbeiten*, sondern *ich will arbeiten* oder zumindest *ich werde arbeiten.*

GEHEIMNIS 10

MOTIVIERTE MENSCHEN SCHAFFEN SICH KLARHEIT ÜBER IHRE AUFGABE

Unklarheit wirkt sich negativ auf unsere Motivation aus. Wie schon mehrfach gesagt, wird Motivation vom Unterbewusstsein erzeugt. Das Unterbewusstsein ist auf eine bestimmte Belohnung und auf die Vermeidung von Schmerzen aus und erzeugt Motivation für diejenige Aktion, die zu diesem Ziel führt. Wenn vor einem Kind eine Süßigkeit liegt, dann erzeugt das Unterbewusstsein des Kindes eine starke Motivation, die in den meisten Fällen zur Folge hat, dass das Kind die Süßigkeiten essen wird. Zucker wird von menschlichen Gehirnen als Belohnung betrachtet. Das Gehirn des Kindes weiß, dass es den Zucker erhält, indem es die Hand des Kindes dazu veranlasst, die Süßigkeit zu greifen und sie in den Mund zu stecken. Motivation entsteht, wenn der kausale Zusammenhang zwischen der Aktion und der Belohnung klar ist.

Bei komplexeren und weit entfernten Zielen, wie beispielsweise dem Abschluss eines Studiums, mit dem man gerade erst begonnen hat, gibt es keine einzelne Aktion, die zu diesem Ziel führt. Das große Ziel muss in kleinen Etappen erreicht werden. Die kleinen Etappen wiederum werden in noch kleineren Etappen erreicht. Um das ganz große Ziel zu erreichen, müssen wir Dinge tun, die für unser Unterbewusstsein nicht als zielführend erkannt werden. Das Ziel ist einfach zu diffus und zu weit weg. Das Unterbewusstsein versteht nicht, dass wir uns jetzt hier an diesen Schreibtisch setzen sollten, damit wir in drei Jahren einen Abschluss in der Tasche haben, der uns die Tür zu einem Beruf öffnet, in dem wir Geld verdienen werden, mit dem wir uns letztlich Zucker kaufen können. Motivation braucht Klarheit.

Was für die richtig großen Ziele gilt, gilt auch für die kleineren Etappenziele. Auch hier ist Klarheit wichtig. Wenn du Motivation für eine solche Tätigkeit erzeugen möchtest, solltest du dir im Vorfeld Klarheit über deine Aufgabe verschaffen. Welche einzelnen Schritte sind zu tun? Auf diese Weise vermeidest du außerdem, deine Aufgabe unterbrechen zu müssen, um dir klar zu werden, was du genau zu tun hast. Plane deine Projekte so gut wie möglich im Vorfeld und versuche alle Wissenslücken zu schließen, bevor du loslegst. Natürlich gibt es Projekte, bei denen sich im Vorfeld nicht alle Fragen beantworten lassen. Du wirst von Fall zu Fall entscheiden müssen, ob dieser Ratschlag für das konkrete Projekt sinnvoll ist oder nicht.

GEHEIMNIS 11

MOTIVIERTE MENSCHEN SETZEN SICH MOTIVIERENDE KONKRETE ZIELE

Es gibt mindestens zwei sehr gute Gründe dafür, sich im Leben eigene Ziele zu setzen: Selbstbestimmung und Effektivität. Man verfolgt im Leben immer irgendwelche Ziele, und wenn es nicht die eigenen Ziele sind, dann sind es fremde Ziele. Eines meiner Lieblingszitate des Erfolgstrainers Jim Rohn bringt den Zusammenhang zwischen eigenen Zielen und Selbstbestimmung perfekt auf den Punkt:

»Man braucht einen eigenen Plan, sonst wird man ganz schnell Teil des Plans von Anderen.

Und raten Sie mal, was die Anderen für Sie geplant haben.

Nicht viel!«

Wer keine eigenen Ziele verfolgt, wird seine Zeit zwangsläufig mit unwichtigen Dingen verschwenden.

Wer im Internet zum Thema Zielsetzung recherchiert, stößt dabei mit absoluter Sicherheit recht schnell auf die sogenannten S.M.A.R.T. Ziele. Gefühlte 99 % der Webseiten, die sich mit dem Thema Zielsetzung befassen, beschäftigen sich mit den S.M.A.R.T. Zielen – meist sogar ausschließlich mit S.M.A.R.T. Zielen.

S.M.A.R.T. ZIELE

Die S.M.A.R.T. Ziele kommen aus dem Projektmanagement. S.M.A.R.T. ist eine Abkürzung aus dem Englischen und steht für: *specific* (deutsch: spezifisch), *measurable* (deutsch: messbar), *accepted* oder *attractive* (deutsch: attraktiv, anspruchsvoll oder auch aktionsorientiert), *realistic* (realistisch), *time bound* (an einen Termin gebunden).

Der Nachteil von S.M.A.R.T. Zielen ist, dass sie auf Disziplin und Willenskraft aufbauen, aber nicht auf Motivation. Sie eignen sich nicht für alle Menschen und alle Ziele gleichermaßen. Im Projektmanagement geht es darum Menschen, Ressourcen und Budgets zu planen und zu kontrollieren. S.M.A.R.T. Ziele sind für Menschen gemacht, die morgens auf ihrer Arbeitsstelle erscheinen, um dort die Dinge erledigen, die eben erledigt werden müssen, ob das nun Spaß macht, oder nicht. Da die meisten Menschen berufstätig sind (oder zur Uni oder Schule gehen), bleiben ihnen für ihre persönlichen Ziele nur die Feierabende, Wochenenden und Urlaube. Das ist ein großer Nachteil, denn Willenskraft steht vielen Menschen nach ihrem Feierabend einfach nicht mehr in brauchbaren Mengen zur Verfügung. Sie haben ihre Willenskraft tagsüber bereits aufgebraucht. Im Beruf werden S.M.A.R.T. Ziele von weiteren Mechanismen getragen, die es im Privatleben nicht gibt: Im Beruf gibt es in aller Regel motivierende Mechanismen, die sicherstellen, dass man die zu erledigenden Aufgaben auch tatsächlich durchführt: ein Gehalt auf der einen Seite und auf der anderen Seite die starke negative Motivation einer drohenden Kündigung im Falle von Arbeitsverweigerung. Beides hat man im Privatleben normalerweise nicht.

DIE LÖSUNG: EINE KOMBINATION AUS MOTIVIERENDER VISION UND S.M.A.R.T. ZIELEN

Meiner Meinung nach besteht die beste Lösung darin, mit einer motivierenden Zukunftsvision zu beginnen: einem klaren Bild davon, wo man hin möchte. Aus dieser motivierenden Vision ergeben sich die S.M.A.R.T. Ziele. Jedes dieser S.M.A.R.T. Ziele entspricht einer Treppenstufe auf dem langen Weg zur motivierenden Vision. Die S.M.A.R.T. Ziele werden von *wenn … dann …* -Plänen und von Fokusfragen unterstützt, die einem zurück auf die Fahrbahn helfen, wenn man sich mal festgefahren hat.

DIE ZUKUNFTSVISION UND IHRE BEDEUTUNG FÜR PERSÖNLICHE ZIELE

Die Zukunftsvision ist die derzeit beste Antwort auf die folgende Frage: *„WARUM mache ich das alles überhaupt?“* Die Zukunftsvision hat die Aufgabe, den ganzen Prozess mit motivierender Energie zu versorgen. Außerdem gibt sie eine Richtung vor, an der sich die S.M.A.RT. Ziele orientieren können.

EINE VISION PRO LEBENSBEREICH

Es kann und sollte für jeden wichtigen Lebensbereich eine eigene Zukunftsvision geben. Natürlich sollten die einzelnen Zukunftsvisionen miteinander vereinbar sein. Meiner Meinung nach gibt es drei wichtige Lebensbereiche, für die man eine Zukunftsvision braucht: für die körperliche und geistige Verfassung (Gesundheit), für den Beruf beziehungsweise die Lebensaufgabe und für die sozialen Beziehungen. Um seine eigene persönliche Zukunftsvision zu finden, muss man sich mit sich selbst auseinandersetzen. Es geht darum, herauszufinden, was die eigenen Stärken, Schwächen und Werte sind. Was motiviert mich wirklich? Sich selbst besser kennenzulernen, ist ein Prozess, der einige Zeit in Anspruch nimmt. Diese Zeit ist aber gut investiert, denn je gründlicher man sich mit sich selbst und mit den eigenen Zielen auseinandersetzt, umso einfacher wird der gesamte Prozess der Zielsetzung und Erreichung.

KONKRETE ZUKUNFTSVISIONEN

Eine Zukunftsvision könnte zum Beispiel so aussehen:

Gesundheit: Ich bin ein Mensch, der regelmäßig etwas für seine Gesundheit tut. Meine Gesundheit ist mir wichtiger als alles andere, denn wenn man krank ist, dann ist alles nichts.

Erfüllende Beschäftigung: Ich übe einen Beruf aus, der mich mit Sinn erfüllt und bei dem ich meine Stärken und Fähigkeiten zur Geltung bringen kann. Geld ist für mich .... .

Soziale Beziehungen: Ich halte den Kontakt zu guten Freunden aufrecht und schaffe mir Freiräume um Zeit mit Menschen verbringen zu können, die mir wichtig sind.

Nun kann man auf einer Skala von eins bis zehn bewerten, wie nah man seiner Zukunftsvision bereits gekommen ist. Diejenige Vision mit der größten Differenz zwischen Soll und Ist sollte als erstes angegangen werden.

Das Finden und Erreichen persönlicher Ziele ist nicht von heute auf morgen getan. Man muss kontinuierlich an seinen Zielen und auch an seiner Zielsetzung arbeiten. Die Zukunftsvisionen dürfen und sollten sich mit der Zeit verändern.

ALLES SCHRIFTLICH FESTHALTEN

Die Vision und die S.M.A.R.T. Ziele sollten auf jeden Fall schriftlich festgehalten werden. In der Praxis kommt es sehr oft vor, dass man sich in einem hoch motivierten Moment irgendwelche Ziele setzt, nur um diese Ziele ein paar Tage und Wochen später wieder aus den Augen zu verlieren. Damit das nicht passiert, sollte man sich seine Ziele auf jeden Fall schriftlich festhalten.

DIE ZUKUNFTSVISION IN S.M.A.R.T. ZIELE HERUNTERBRECHEN

Die S.M.A.R.T. Ziele sind die einzelnen Treppenstufen auf dem langen Weg zur Zukunftsvision. Deswegen macht die Formulierung von S.M.A.R.T. Zielen erst dann Sinn, wenn die Zukunftsvision schon steht. S.M.A.R.T. Ziele müssen die folgenden Bedingungen erfüllen: spezifisch (so genau wie möglich, damit klar ist, wann sie erreicht sind), messbar (damit der Fortschritt gemessen werden kann), aktionsorientiert (was ist konkret zu tun?), realistisch und terminiert (bis wann sollte das Ziel erreicht sein?). Das Ziel „Ich möchte von nun an gesünder leben" ist nicht S.M.A.R.T. Das entsprechende S.M.A.R.T. Ziel wäre: „Ich werde ab heute für die nächsten 30 Tage keinen Alkohol trinken."

DIE INFORMATIONSBESCHAFFUNG NICHT VERGESSEN

Auch die Informationsbeschaffung ist wichtig und sollte nicht vergessen werden. Mehr auf die eigene Gesundheit zu achten und sich mehr um seine Finanzen zu kümmern, sind sinnvolle Ziele. Bevor man aktiv wird, sollte man sich aber zunächst gründlich informieren, zum Beispiel indem man gute Sach- und Ratgeberbücher über das entsprechende Thema liest. Vieles von dem, was wir für wichtig halten, ist in Wahrheit gar nicht so wichtig und einige wirklich wichtige Dinge sind nur wenig bekannt.

WENN ... DANN ... -PLÄNE HELFEN BEI DER PRAKTISCHEN UMSETZUNG

Es gibt Situationen, in denen es schwierig oder sogar fast unmöglich ist, sich an die eigenen Zielvorgaben zu halten. Wenn man diese kritischen Situationen vorhersehen kann, dann macht es sehr viel Sinn, im Vorfeld *wenn ... dann ...* -Pläne zu formulieren, an denen man sich in diesen Situationen orientiert. Ein paar Beispiele: Ich will mich gesund ernähren und bin zu einer Party eingeladen, wo es nur ungesundes Essen geben wird. Oder: Ich rauche nicht mehr und gehe mit Freunden, die alle rauchen, am Samstagabend in die Kneipe. Das Problem ist nicht, dass es schlimm wäre, einmal ungesund zu essen oder an einem einzigen Abend einige Zigaretten zu rauchen. Das eigentliche Problem ist, dass Menschen dazu neigen, ihre Ziele komplett aufzugeben, wenn sie glauben „versagt" zu haben. Nach dem Motto: „Jetzt wo ich gestern wieder geraucht habe, kann ich ja gleich wieder richtig rauchen." Über *wenn* … *dann* … -Pläne kann man derartige Fallstricke auf zwei verschiedene Arten entschärfen. Man kann *wenn* … *dann* … -Pläne formulieren, um zu verhindern, dass man überhaupt in die Situation kommt, in der man versagen könnte (*wenn* die Jungs in die Kneipe gehen, *dann* gehe ich einfach nicht mit). Oder man kann *wenn* … *dann* … -Pläne formulieren, um bewusst Ausnahmen zuzulassen (*wenn* ich einmal im Monat mit den Jungs in die Kneipe gehe, *dann* ist es okay, wenn ich mal eine Zigarette rauche). *Wenn* … *dann* … -Pläne sind für den Notfall gedacht. Man braucht sie nicht oft, aber wenn man sie braucht, dann können sie sehr nützlich sein.

FOKUSFRAGEN

Fokusfragen sind bestimmte vorformulierte Fragen, die einem zurück auf die Straße helfen, wenn man bildlich gesprochen vom Weg abgekommen ist und nicht weiter weiß. Eine Fokusfrage soll einen Gedankengang anregen, der einen auf eine brauchbare Idee bringt. „Welche eine Sache kann ich tun, um meinem Ziel wenigstens ein bisschen näher zu kommen?" – „Wo kann ich suchen, um eine Sache zu finden, die mir bei meinem Ziel hilft?" Fokusfragen müssen nicht zwangsweise als Frage formuliert sein.

Manche Experten empfehlen, dass man sich übertrieben große Ziele setzen soll. Die Idee dahinter ist ebenfalls eine Art Fokusfrage. Wer sich das Ziel gesetzt hat, monatlich 10.000 Euro zu verdienen, kommt auf ganz andere Ideen, als jemand, der schon mit 1.000 Euro zufrieden ist. Übertrieben große Ziele sind also in gewisser Weise sinnvoll. Meiner Meinung nach ist es dennoch vernünftiger, sich keine übergroßen, sondern realistische Ziele zu setzen und das Denken über andere Fokusfragen in die richtige Richtung zu lenken.

DAS WICHTIGSTE ZUM SCHLUSS

Wichtig ist, dass man seine Ziele schriftlich festhält. Am besten von Hand mit einem Stift in einem Notizbuch, das man nur für die Ziele verwendet. Einige Experten empfehlen sogar, dass man sich seine Ziele täglich neu aufschreibt, um sie sich richtig intensiv einzuprägen.

GEHEIMNIS 12

MOTIVIERTE MENSCHEN ÜBERNEHMEN VERANTWORTUNG

Du wirst motivierter sein, bestimmte Aufgaben zu erledigen und Projekte zu Ende zu bringen, wenn du die volle Verantwortung für diese Aufgaben und Projekte übernimmst.

Häufig sind wir nicht wirklich motiviert, weil wir das Gefühl haben, dass das Gelingen einer bestimmten Aufgabe sowieso nicht in unseren Händen liegt. Wenn man lange genug sucht, findet man immer irgendjemanden, dem man die Schuld für Verzögerungen in die Schuhe schieben kann. Fakt ist: Es wird immer Probleme und Verzögerungen geben. Probleme und Verzögerungen gehören einfach mit dazu.

Wenn du bereit bist, die Verantwortung zu übernehmen, dann stelle dich vor einen Spiegel, schaue dir selbst in die Augen und erkläre dich für verantwortlich. Wiederhole diese Prozedur von Zeit zu Zeit.

GEHEIMNIS 13

MOTIVIERTE MENSCHEN BEGEBEN SICH IN EINE MOTIVIERENDE UMGEBUNG

Menschen nehmen unbewusst die Verhaltens- und Denkweisen ihrer Mitmenschen an. Dieser Effekt funktioniert in beide Richtungen. Je nachdem, was du tun möchtest und was die Menschen in deiner näheren Umgebung tun, kann ihr Verhalten motivierend oder demotivierend für dich sein.

Unsere Umgebung hat einen sehr viel größeren Einfluss auf uns und unser Verhalten, als uns bewusst ist. Psychologen sprechen vom sogenannten fundamentalen Attributionsfehler. Wir schreiben die Ursache für ein bestimmtes Verhalten in den meisten Fällen nur der Persönlichkeit einer Person zu und nicht ihrer Umgebung. Tatsächlich hat die Umgebung aber einen enormen Einfluss. Wissenschaftler haben nachgewiesen, dass Menschen, die in Nachbarschaft zu glücklichen Menschen leben, mit signifikant höherer Wahrscheinlichkeit ebenfalls glücklich sind. Menschen, deren enge Freunde plötzlich fettleibig werden, werden mit signifikant erhöhter Wahrscheinlichkeit ebenfalls fettleibig. Unsere Umgebung steckt uns an.

Diese Tatsache kannst du nutzen, um dich zu motivieren. Wenn du dich gesund ernähren möchtest, umgib dich mit Menschen, die sich gesund ernähren, und meide Menschen, die sich ungesund ernähren. Wenn du dich zum Lernen motivieren möchtest, geh in die Bibliothek, wo du von anderen Lernern umgeben sein wirst. Zum Lernen ins Schwimmbad zu gehen ist keine gute Idee.

GEHEIMNIS 14

MOTIVIERTE MENSCHEN NUTZEN IHR SCHAMGEFÜHL

Wie schon in der Einleitung erwähnt, entsteht Motivation insbesondere dann, wenn es zu einer großen Diskrepanz zwischen einem Ist-Zustand und einem Soll-Zustand kommt. Die meisten Menschen denken nicht besonders gerne über ihre Schwachstellen nach. Sie neigen dazu, ihre Schwächen vor anderen Menschen und auch vor sich selbst zu verbergen. Man schämt sich seiner Schwächen.

Theoretisch könnte man sein Schamgefühl gegenüber den eigenen Schwächen ausnutzen, um sich besonders effektiv dazu zu motivieren, an genau diesen Schwächen zu arbeiten. Über Arnold Schwarzenegger wird berichtet, dass er als Bodybuilder von diesem Trick Gebrauch gemacht haben soll. Als er mit seiner Wadenmuskulatur unzufrieden war, hat er einen netten Trick angewendet, um sich selbst zum Trainieren seiner Waden zu motivieren. Er hat sich kurze Hosen und dazu sehr weite Oberteile angezogen. So konnten die anderen Menschen nur seine Wadenmuskeln, aber nicht die gut trainierten restlichen Muskeln seines Körpers sehen. Er hat seine Schwachstellen also möglichst offen präsentiert und gleichzeitig seine größten Stärken versteckt. Der emotionale Schmerz hat ihn motiviert. Die meisten Menschen machen es im Leben genau umgekehrt.

GEHEIMNIS 15

MOTIVIERTE MENSCHEN VERMEIDEN WILLENSKRAFTVERSCHWENDUNG

Um mit einer Aufgabe beginnen zu können, brauchst du Motivation. Um die Aufgabe zu Ende bringen zu können, brauchst du Willenskraft. Wissenschaftler haben herausgefunden, dass Willenskraft wie ein Muskel funktioniert. Wie ein echter Muskel wird auch die Willenskraft durch längere Beanspruchung müde. Morgens steht uns deutlich mehr Willenskraft zur Verfügung als am Abend. Außerdem funktioniert die Willenskraft besser, wenn man zuvor gegessen hat. Mit anderen Worten: die Willenskraft ist vom Blutzuckerspiegel abhängig. Wenn du hungrig oder müde bist, ist deine Willenskraft nicht zu gebrauchen.

Erledige Aufgaben, die viel Willenskraft benötigen, immer möglichst früh am Tag. Am besten sofort am Morgen. Wenn du dir klar machst, dass deine Willenskraft morgens am stärksten ist, wirst du auch merken, dass das Aufschieben unangenehmer Tätigkeiten oft purer Selbstbetrug ist. Wer es mental nicht schafft, eine Aufgabe, die viel Überwindung kostet, gleich morgens zu erledigen, wird sie später am Tag erst recht nicht erledigen können. Die Aufgabe auf den Nachmittag zu schieben ist also Blödsinn. Die unerledigte Aufgabe wird den ganzen Tag über deine Gedanken vergiften.

GEHEIMNIS 16

MOTIVIERTE MENSCHEN TRAINIEREN WILLENSKRAFT

Willenskraft ist nötig, um unangenehme Aufgaben zu Ende zu bringen. Willenskraft lässt sich wie ein Muskel trainieren.

Räume Unannehmlichkeiten nicht immer sofort aus dem Weg. So gewöhnst du dich daran, Zustände zu ertragen, die dir unangenehm sind. Dusche kalt, setz dich auf den unbequemen Stuhl oder arbeite gleich im Stehen. Lasse das Auto stehen und gehe zu Fuß einkaufen. Versuche immer gerade zu sitzen. Übe dich in einer klaren Ausdrucksweise ohne „ähms“ und „öhms“. Sage „nein“ ohne dich zu rechtfertigen. All das trainiert deine Willenskraft.

GEHEIMNIS 17

MOTIVIERTE MENSCHEN NUTZEN BELOHNUNGEN

Externe Belohnungen sind ein zweischneidiges Schwert. Sie können kurzfristig helfen und langfristig schaden. Es gibt viele Beweise dafür, dass Belohnungen grundsätzlich funktionieren können: Belohnungen können Tiere im Zirkus dazu bringen, Kunststücke aufzuführen und sie können Menschen dazu bringen, Jobs anzunehmen, in denen ohne Belohnung niemand arbeiten würde. Belohnungen funktionieren.

Es gibt jedoch auch einige Hinweise darauf, dass externe Belohnungen langfristig Schaden anrichten können. Wenn man einem Menschen für eine Tätigkeit, die er aus freien Stücken ausüben würde, ein Gehalt bezahlt, dann wird er diese Tätigkeit irgendwann nicht mehr aus freien Stücken ausüben wollen. Es kommt zu einer Veränderung im Gehirn. Vereinfacht gesprochen wird die entsprechende Tätigkeit von dem intrinsischen Belohnungsmechanismus abgekoppelt und stattdessen mit der externen Belohnung verknüpft. Viele Kinder helfen freiwillig im Haushalt mit. Belohnt man sie dafür, tun sie es irgendwann nur noch für die Belohnung. Einige Wissenschaftler vermuten sogar, dass Schulnoten die natürliche Neugierde von Schulkindern ersticken. Eine Belohnung kann intrinsische Motivation langfristig zerstören.

Bevor man externe Belohnungen einsetzt, um sich selbst oder andere Menschen zu motivieren, sollte man sich die

Frage stellen, ob die entsprechende Tätigkeit intrinsisch motiviert ist. Wenn das der Fall ist, dann besteht grundsätzlich die Gefahr, dass die Belohnung langfristig schadet – auch wenn sie kurzfristig vielleicht helfen mag. Sollte es keine intrinsische Belohnung geben, dann steht einer externen Belohnung grundsätzlich nichts im Wege.

Belohnungen können auf drei verschiedenen Wegen eingesetzt werden. (1) Belohnungen können eingesetzt werden, um sich selbst oder einen anderen Menschen dazu zu bringen, eine bestimmte Tätigkeit mithilfe seiner Willenskraft durchzuführen. Ein gutes Beispiel ist das Gehalt, welches man für einen Job bekommt. Das Gehalt führt hier nicht dazu, dass einem der Job mehr Spaß macht. Das Gehalt bewirkt, dass man den Job ausübt, auch wenn der Job keinen Spaß macht. (2) Belohnungen können eingesetzt werden, um ein echtes Verlangen nach einer bestimmten Tätigkeit zu erzeugen. In diesem Fall ist darauf zu achten, dass die Belohnung unmittelbar auf die zu motivierende Tätigkeit folgt. Wenn ich einem Hund Kunststücke beibringen möchte, dann muss ich ihn nach jedem halbwegs geglückten Kunststück sofort mit Anerkennung oder einem Leckerli belohnen, damit das Gehirn des Hundes weiß, wofür es die Belohnung erhalten hat. Beim Menschen funktioniert das auf die gleiche Weise. Natürlich braucht es ein paar Durchgänge, bis das Gehirn den Zusammenhang zwischen der Tätigkeit und der Belohnung erkannt hat. Ich habe von Menschen gehört, die sich mit kleinen Mengen Zucker (in Form von kleinen Bonbons) für wiederkehrende unliebsame Aufgaben belohnen. (3) Man kann sich selbst und andere Menschen motivieren, indem man die bereits vorhandene Motivation stärker in den Fokus rückt und sie gegebenenfalls so umformuliert, dass das Unterbewusstsein, welches die Motivation erzeugt, sie auch versteht. Im Grunde ist alles, was sich zu tun lohnt, irgendwie mit einer Belohnung verknüpft. Regelmäßig Sport zu treiben und sich gesund zu ernähren wird mit einem gesunden Körper belohnt, der sich auch dafür eignet, beim anderen Geschlecht zu punkten. Das ist eine Belohnung, die das Unterbewusstsein sehr gut versteht.

Nur die letzten beiden Wege sind wirklich gut dafür geeignet, um sich selbst für eine bestimmte Tätigkeit zu motivieren. Das Problem am ersten Weg ist nämlich, dass das Gehirn ständig auf der Suche nach Abkürzungen ist. Es möchte die Belohnung haben, egal auf welchem Wege. Es ist etwas anderes, ob eine externe Person darüber entscheidet, ob ich für meine Leistungen ein Gehalt bekomme, oder ob ich selbst darüber entscheide. Im letzten Fall kann ich theoretisch beide Augen zudrücken und Gründe erfinden, warum ich das Gehalt nicht auch für eine geringere Leistung oder sogar ganz ohne Leistung verdient habe. Menschen sind Meister im Selbstbetrug.

Versuche zunächst, die natürliche Belohnung für die zu erledigende Aufgabe zu identifizieren. Nur wenn du dich auf diesem Wege nicht motivieren kannst, solltest du in Erwägung ziehen, externe Belohnungen einzusetzen. Dabei solltest du natürlich auch darauf achten, dass du dir nicht selbst schadest. Zucker ist zwar eine gute Belohnung und eignet sich daher gut dafür, Belohnungsnetzwerke im Gehirn heranzuzüchten, aber auf der anderen Seite ist Zucker schlecht für die Zähne und der Konsum von zu viel Zucker löst Krankheiten wie Diabetes Typ 2 aus. Wenn du mit Zucker experimentierst, tust du das ausdrücklich auf eigene Gefahr!

GEHEIMNIS 18

MOTIVIERTE MENSCHEN NUTZEN DIE VORHANDENE MOTIVATION

Die meisten motivierten Menschen sind nicht etwa deswegen so motiviert, weil sie eine besondere Gabe zur Motivation haben, sondern schlicht und einfach deswegen, weil sie sich am richtigen Ort befinden. Sie sind dort, wo auch ihre Motivation ist. Immer mehr Menschen sind nicht dort, wo ihre Motivation ist, was dazu führt, dass ein 8-stündiger Arbeitstag für diese Menschen bereits so anstrengend ist, dass es nicht selten zum Burn-out oder Boreout kommt.

Die meisten Menschen, die nicht dort sind, wo auch ihre Motivation ist, sind sich dieser Tatsache bewusst, was leider nicht selten dazu führt, dass sie direkt in die nächste Falle tappen. Die Aufforderung, der eigenen Passion oder Leidenschaft zu folgen, hört und liest man heutzutage ziemlich oft. Auf den ersten Blick machen sie auch Sinn. Sollte man diesen Aufforderungen also nachkommen? Genau diese Frage hat sich auch Benjamin Todd gestellt, als er nach seinem Studium nicht wusste, welchen Karriereweg er einschlagen sollte. Es gab nichts, was ihm bei seiner Entscheidung half. Also gründete er eine Organisation, die erforscht, nach welchen Kriterien man bei der Karriereplanung vorgehen sollte (https://80000hours.org/). Seine Ergebnisse (nach mehrjähriger Forschung) haben das Potential, einige weitverbreitete Vorstellungen an die Wand zu fahren.

Bis vor wenigen Jahrzehnten haben junge Menschen einfach den Beruf ergriffen, den schon ihre Eltern ausgeübt hatten. In den 1980er Jahren kamen viele Menschen auf den Trichter, dass Gier gut sei, und so wurde es zur Mode, sich bei der Berufswahl vordergründig am Gehalt zu orientieren. Dieser Weg gilt heutzutage nicht mehr als erstrebenswert. Der jungen Generation wird daher gerne der Ratschlag gegeben, ihrer Passion oder Leidenschaft zu folgen. Bei diesem Ratschlag handelt es sich jedoch einfach nur um eine Umkehrung desjenigen Weges, der sich für die ältere Generation als falsch erwiesen hatte. Im Detail wird heutzutage fälschlicherweise folgendes Vorgehen empfohlen: (1) Identifiziere dein größtes Interesse. (2) Finde eine Karriere, bei der dieses Interesse befriedigt wird. (3) Verfolge diese Karriere, egal was passiert. Einen erfüllenden Karriereweg einzuschlagen, sei nur eine Frage davon, den Mut zu haben, der eigenen Passion zu folgen. Die Idee dahinter: Die Übereinstimmung zwischen Aufgaben und Interesse führt zu Erfolg. Erfolg wiederum führt zu einer erfüllenden Karriere. Der Passion folgen? Die Daten sagen etwas anderes.

FOLGE NICHT DEINER PASSION!

Anstatt uns zu fragen, was unsere Passionen sind, sollten wir uns lieber fragen, was wir für andere Menschen tun können. Wie können wir diese Welt zu einem besseren Ort machen? Die meisten Menschen haben eine Passion für Sport, Kunst oder Musik. In diesen Bereichen gibt es aber gar nicht so viele Jobs. Wenn nur 10 % der Menschen ihrer Passion folgen würden, würden sehr viele Menschen scheitern. Auch Erfüllung stellt sich nicht zwangsläufig ein wenn man seiner Passion folgt. Die Voraussetzung für Erfüllung ist, dass man seine Arbeit bedeutsam findet. Ohne Bedeutsamkeit wird die Karriere nicht erfüllend sein. Selbst passionierte Verkäufer, denen das Verkaufen liegt, haben ein hohes Burn-out-Risiko und sterben oft früher, als nötig. Interessen sind nicht unwichtig, aber das Interesse sollte nicht der entscheidende Faktor sein, denn andere Faktoren sind weit wichtiger. Zu den wichtigsten Faktoren gehören die eigenen Fähigkeiten und die Mentalität oder Denkart (englisch: Mindset). Unser Interesse an bestimmten Themen ändert sich viel zu schnell, als dass es Sinn machen würde, darauf eine Karriere aufzubauen.

WIE MAN BEI DER KARRIEREPLANUNG VORGEHEN SOLLTE

Anstatt dem Leitsatz „Folge deiner Passion" zu folgen, sollte man sich an den Leitsatz „Tue etwas, das wertvoll ist" halten. Konzentriere dich auf etwas, worin du gut bist, und womit du der Welt wirklich helfen kannst. Das ist das Geheimnis einer erfüllenden Karriere. Auch die Forschungsergebnisse von Martin Seligman, dem Begründer der positiven Psychologie bestätigen diese Vorgehensweise: Anderen Menschen zu helfen, erfüllt auch die helfende Person.

DIESE FAKTOREN SIND WICHTIG

Tue etwas, worin du einen Sinn siehst. Arbeite hart, um auf einem Gebiet wirklich gut zu werden. Für Altruisten ist es einfacher, erfolgreich zu sein, denn andere Menschen werden einen Altruisten eher unterstützen als einen Egoisten, der nur für sein eigenes Wohl arbeitet.

Wer dazu rät, der Passion zu folgen, betrachtet die ganze Angelegenheit von der falschen Seite aus: Wer seiner Passion folgt, tut das, was ihn jetzt begeistert, und hofft, dass diese Begeisterung anhält. Wenn man nicht seiner Passion folgt, sondern etwas tut, was wertvoll ist, dann wird das nach einer Weile dazu führen, dass sich eine Passion entwickelt. Man wird eine erfüllende Karriere haben.

WIE MAN EINE WERTSCHAFFENDE TÄTIGKEIT FINDET

Erstens sollte man viele verschiedene Dinge ausprobieren, um herauszufinden, worin man wirklich gut ist. Dazu muss man raus in die Welt gehen. Nur darüber nachzudenken bringt nichts. Zweitens sollte man sich Fähigkeiten aneignen, die in vielen Bereichen gefragt sind. Beispiele für solche Fähigkeit wären Schreiben und Programmieren. Hier darf kurzzeitig die Passion ins Spiel kommen. Drittens sollte man das drückendste und größte soziale Problem angehen, welches man finden kann. Man sollte seine Fähigkeiten einsetzen, um dieses Problem zu lösen. Man sollte sich ein Problem herausgreifen, das bisher noch wenig Aufmerksamkeit erhalten hat oder sogar komplett ignoriert wurde. Dort wird man am meisten ausrichten können.

Man muss nicht selbst Arzt werden und nach Afrika reisen, um den Menschen dort zu helfen. Probleme können auf verschiedene Art und Weise gelöst werden, beispielsweise durch Forschung und Entwicklung. Das Ziel besteht darin, herauszufinden, wo man mit den eigenen Fähigkeiten am meisten ausrichten kann. Überlege dir, was du auf deinem Sterbebett lieber sagen möchtest: „Ich habe es geschafft, viele Autos, ein großes Haus und eine Yacht zu haben" oder „Ich habe mir den Arsch abgearbeitet und es war nicht immer leicht. Aber durch meine Arbeit habe ich den Tod von hunderten Kindern verhindert, die sonst an Malaria gestorben wären." Altruismus wird man niemals bereuen. Wir müssen damit aufhören, nur an unseren eigenen Interessen zu arbeiten.

GEHEIMNIS 19

MOTIVIERTE MENSCHEN ACHTEN AUF IHRE GESUNDHEIT UND FITNESS

Motivation ist Energie, die auf ein bestimmtes Ziel ausgerichtet ist. Nur ein gesunder Körper kann die Energie für starke Motivation aufbringen. Motivierte Menschen achten daher auf eine gute körperliche Gesundheit und Fitness. Sie schlafen ausreichend, sie ernähren sich bewusst, sie trainieren ihre Körper und sie reduzieren den Stress in ihrem Leben.

GEHEIMNIS 20

MOTIVIERTE MENSCHEN BLEIBEN REALISTISCH

Ein Job, der dir für 2.000 Euro pro Monat keinen Spaß macht, wird dir auch für 4.000 Euro pro Monat keinen Spaß machen. Motivierte Menschen wissen, was sie motiviert.

GEHEIMNIS 21

MOTIVIERTE MENSCHEN VISUALISIEREN

Visualisierung bezeichnet eine Art Tagtraum, bei dem man die zu erledigende Aufgabe in Gedanken durchspielt. Wissenschaftler konnten zeigen, dass Visualisierung das Training von Sportlern zwar nicht ersetzen, aber sehr gut ergänzen kann. Ein Basketballspieler, der Freiwürfe übt, kann seine Trefferquote noch weiter steigern, indem er daheim auf dem Sofa in Gedanken weiterhin Freiwürfe übt. Die Methode funktioniert allerdings nur, wenn die Freiwürfe auch im Realen geübt werden. Eine Person, die noch nie in ihrem Leben Freiwürfe geworfen hat, wird ihre Trefferquote auf diese Weise nicht verbessern können. Dieser Methode liegt die Theorie zugrunde, dass einige Teile unseres Gehirns nicht zwischen Wahrheit und Vorstellung unterscheiden können. Diejenigen Nervenfasern, die für das Werfen der Freiwürfe zuständig sind, werden durch das Visualisieren weiter gestärkt.

Visualisierung kann auch zur Selbstmotivation eingesetzt werden. Einige Trainer und Experten empfehlen, man solle sich vor dem geistigen Auge in voller Pracht ausmalen, sein Ziel bereits erreicht zu haben. Das Unterbewusstsein würde auf die Weise darauf programmiert werden, dieses Ziel erreichen zu wollen. So entstünde Motivation. Obwohl viele Menschen subjektiv das Gefühl haben, dass ihnen diese Methode dabei hilft, ihre Ziele besser zu erreichen, haben die

Forschungsergebnisse der Psychologin Gabriele Oettingen dieser Methode keine Wirkung nachweisen können. Im Gegenteil: Ein motivierter Mensch ist durch einen erhöhten Energiezustand gekennzeichnet, der notwendig ist, um den Körper in Bewegung zu versetzen. Motivation kann direkt an der zeitlichen Veränderung des Blutdrucks gemessen werden. Bei einer Person, die motiviert und kurz davor ist, zur Tat zu schreiten, steigt der Blutdruck an – und zwar bereits kurz vor der Tat. Frau Oettingens Experimente mit vielen Probanden hatten gezeigt, dass das Visualisieren der Ziele den Blutdruck nicht ansteigen lässt, sondern das Gegenteil davon bewirkt: Die Vorstellung, bereits am Ziel zu sein, führt zur Entspannung. Die Motivation sinkt also. Zumindest kurzfristig wirkt sich das Visualisieren des Ziels nicht positiv auf die Motivation aus. Die Frage, ob Visualisierung mittel- und langfristig motiviert, bleibt unbeantwortet.

DIE WOOP-TECHNIK

Frau Oettingen hat nicht nur gezeigt, dass die Visualisierung in ihrer herkömmlichen Form nicht motiviert. Sie hat außerdem noch eine Methode entwickelt, die sich zur kurzfristigen Selbstmotivation einsetzen lässt. Die Wirksamkeit der sogenannten WOOP-Technik ist wissenschaftlich bestätigt.

Die Wirksamkeit der WOOP-Technik kommt daher, dass man sich nicht bloß mit den wünschenswerten Zielen, sondern auch mit etwaigen Hindernissen und mit einem konkreten Plan zur Zielerreichung beschäftigt. Die WOOP-Technik besteht aus insgesamt 4 Schritten, die in der richtigen Reihenfolge durchlaufen werden müssen: Wish – Outcome – Obstacle – Plan. Auf Deutsch: Wunsch – Ergebnis – Hindernis – Plan.

Wish/Wunsch: Was wünsche ich mir wirklich? Der Wunsch sollte im Bereich des Möglichen liegen, aber er sollte auch eine Herausforderung darstellen. Ein Wunsch könnte zum Beispiel darin bestehen, zehn Kilogramm abzunehmen.

Outcome/Ergebnis: In diesem Schritt stellt man sich das Ergebnis in seiner vollen Pracht vor dem geistigen Auge vor. Wie fühlt es sich an, zehn Kilogramm abgenommen zu haben. Wie fühlt es sich an, von anderen Menschen bewundert und auf die tolle neue Figur angesprochen zu werden? Bei diesem Schritt geht es darum ein möglichst positives Gefühl zu erzeugen. Es muss sich richtig gut anfühlen. Motivation ist eine rein emotionale Angelegenheit.

Obstacle/Hindernis: In diesem Schritt geht es darum, sich die Hindernisse, die zwischen dem Ist- und dem Wunschzustand liegen, so genau und detailliert wie möglich vorzustellen. Hier geht es darum, den wahren Kern des Problems zu finden. Das Erkennen der Hindernisse in Kombination mit dem Wunsch wird die eigene Wahrnehmung der Situation verändern. Der Vorgang nennt sich mentales Kontrastieren. Auf das Abnehmen bezogen, könnte das Hindernis zum Beispiel darin bestehen, dass man es gewohnt ist, auf der Arbeit täglich einen Liter Cola zu trinken, um sich wach zu halten.

Plan: Zuletzt muss man einen *wenn … dann …*-Plan entwickeln, mit dem sich die größten Hindernisse umgehen lassen. Beispielsweise könnte man sich abends einen Liter schwarzen oder grünen Tee kochen und am nächsten Morgen mit zur Arbeit nehmen. Kalter Tee hält auch wach, macht aber nicht dick.

Man sollte diese vier Schritte immer wieder durchgehen. Auf diese Weise bekommt man einen realistischen Blick auf die eigenen Ziele und Chancen und erhält die nötige Motivation, um das Ziel zu erreichen.

GEHEIMNIS 22

MOTIVIERTE MENSCHEN SORGEN FÜR POSITIVE ERFAHRUNGEN

Da es bei der Motivation auf die Gefühle ankommt, sollte man unbedingt darauf achten, möglichst angenehme Erfahrungen mit denjenigen Tätigkeiten zu machen, für die man motiviert bleiben möchte.

Viele Menschen machen den Fehler und melden sich mit guten Absichten Anfang Januar in einem Fitnessstudio an, nur um ein paar Wochen später wieder aufzugeben. Viele dieser Menschen machen einen großen Fehler: sie übertreiben maßlos und schaffen sich dadurch unangenehme Erfahrungen. Sie überfordern ihren Körper, was der sich natürlich nicht gefallen lässt. Er zieht die Notbremse und stellt die Motivation ab.

Wer dauerhaft motiviert sein möchte, sollte diesen Fehler vermeiden und lieber klein beginnen und sich langsam steigern. Auf diesem Weg erreicht man auf Dauer sehr viel mehr, als durch Vollgas gleich von Anfang an.

163 MOTIVIERENDE ZITATE

Es gibt viele Wege zum Glück. Einer davon ist aufzuhören zu jammern.
(Albert Einstein)

Gott würfelt nicht.
(Albert Einstein)

Ich spreche mit jedem gleich. Egal ob es sich um einen Müllmann oder um einen Präsidenten handelt.
(Albert Einstein)

Persönlichkeiten werden nicht durch schöne Reden geformt, sondern durch Arbeit und eigene Leistung.
(Albert Einstein)

Lachen ist eine körperliche Übung von großem Wert für die Gesundheit.
(Aristoteles)

Wer hohe Türme bauen will, muss lange beim Fundament verweilen.
(Aristoteles)

Es ist ein Jammer, dass die Dummköpfe so selbstsicher sind und die Klugen so voller Zweifel.
(Bertrand Russell)

Ich fürchte nicht den Mann, der 10.000 Tritte gelernt hat, sondern denjenigen, der einen Tritt 10.000-mal geübt hat.

(Bruce Lee)

Was du denkst, bist du. Was du bist strahlst du aus. Was du ausstrahlst ziehst du an.

(Buddha)

Entschuldige dich niemals dafür, du selbst zu sein.

(Paulo Coelho)

Willst du deine Zukunft kennen, dann betrachte dich in der Gegenwart, denn sie ist die Ursache deiner Zukunft.

(Buddha)

Glück hängt nicht davon ab, wer du bist oder was du hast. Es hängt nur davon ab, wie du denkst.

(Dale Carnegie)

Die Wahrheit kann erst wirken, wenn der Empfänger für sie reif ist.

(Christian Morgenstern)

Wenn du ja zu einem anderen sagst, dann sei dir sicher, dass du damit nein zu dir selbst sagst.

(Paulo Coelho)

Probleme kann man niemals mit der gleichen Denkweise lösen, durch die sie entstanden sind.
(Albert Einstein)

Der, welcher dein Schweigen nicht versteht, wird wahrscheinlich auch deine Worte nicht verstehen.
(Elbert Hubbard)

Man kann einem Menschen nichts beibringen. Man kann ihm nur helfen, es in sich selbst zu finden.
(Galileo Galilei)

Entweder wir finden einen Weg oder wir machen einen.
(Hannibal)

Es spielt keine Rolle, wie langsam du gehst, sofern du nicht stehen bleibst.
(Konfuzius)

Sage es mir und ich werde es vergessen. Zeige es mir und ich werde mich daran erinnern. Lass es mich tun und ich werde es behalten.
(Konfuzius)

Ich weiß nicht, ob es besser wird, wenn es anders wird. Aber es muss anders werden, wenn es besser werden soll.
(Georg Christoph Lichtenberg)

Freiheit bedeutet, dass man nicht unbedingt alles so machen muss wie andere Menschen.
(Astrid Lindgreen)

Stärke wächst nicht aus körperlicher Kraft, sondern aus unbeugsamem Willen.
(Mahatma Ghandi)

Lügen laufen Sprints, aber die Wahrheit läuft Marathon.
(Michael Jackson)

Was ich weiß ist, dass wenn du deine Arbeit liebst und sie dich erfüllt, sich der Rest von allein ergibt.
(Oprah Winfrey)

Wenn du dich selbst liebst, liebst du deine Mitmenschen. Wenn du dich selbst hasst, dann hasst du deine Mitmenschen. Deine Beziehungen zu anderen sind nur ein Spiegelbild von dir selbst.
(Osho)

Ich zahle nicht gute Löhne, weil ich viel Geld habe. Ich habe viel Geld, weil ich gute Löhne zahle.
(Robert Bosch)

Es ist unmöglich zu leben, ohne bei etwas zu scheitern. Es sei denn, man lebt vorsichtig, aber dann könnte man genauso gut gar nicht leben.
(J.K. Rowling)

Menschen, die immer daran denken, was andere von ihnen halten, wären überrascht, wenn sie wüssten, wie wenig die anderen über sie denken.

(Bertrand Russell)

Viele Menschen wissen, dass sie unglücklich sind. Aber noch mehr Menschen wissen nicht, dass sie glücklich sind.

(Albert Schweitzer)

Es sind nicht die Ereignisse, die uns beunruhigen, sondern unsere Meinungen über die Ereignisse.

(Seneca)

Wenn du damit beginnst, dich denen zu opfern, die du liebst, wirst du damit enden, die zu hassen, denen du dich aufgeopfert hast.

(George Bernard Shaw)

Der Kluge lernt aus allem und von jedem, der Normale aus seiner Erfahrung und der Dumme weiß alles besser.

(Sokrates)

Wer glaubt etwas zu sein, hat aufgehört etwas zu werden.

(Sokrates)

Gegen eine Dummheit, die gerade in Mode ist, kommt keine Klugheit an.

(Theodor Fontane)

Wenn du fliegen willst, musst du die Sachen loslassen, die dich runterziehen.
(Toni Morrison)

Die ehrlichsten Menschen haben nicht viele Freunde.
(Tupac Shakur)

Erst nachdem wir alles verloren haben, haben wir die Freiheit alles zu tun.
(Tyler Durden)

Gras wächst nicht schneller, wenn man daran zieht.
(Unbekannt)

Alles was du sagst, sollte wahr sein. Aber nicht alles was wahr ist, solltest du auch sagen.
(Voltaire)

Umgib dich mit Leuten, die besser sind als du.
(Warren Buffett)

Wer heute Dinge kauft, die er nicht braucht, wird bald Dinge verkaufen müssen, die er liebt.
(Warren Buffett)

Halte dir jeden Tag 30 Minuten für deine Sorgen frei und in dieser Zeit mach ein Nickerchen.
(Abraham Lincoln)

Was kümmert mich mein Geschwätz von gestern. Nichts hindert mich daran, klüger zu werden.
(Konrad Adenauer)

Der moderne Mensch wird in einem Tätigkeitstaumel gehalten, damit er nicht zum Nachdenken über den Sinn seines Lebens und der Welt kommt.
(Albert Schweizer)

Wenn die Menschen nur über das sprächen, was sie begreifen, dann würde es sehr still auf der Erde sein.
(Albert Einstein)

Glück ist das einzige, was sich verdoppelt, wenn man es teilt.
(Albert Schweitzer)

Wir leben in einem gefährlichen Zeitalter. Der Mensch beherrscht die Natur, bevor er gelernt hat, sich selbst zu beherrschen.
(Albert Schweitzer)

Glaube denen, die die Wahrheit suchen und zweifle an jenen, die sie gefunden haben.
(André Gide)

Du kannst mehr über eine Person lernen, wenn du darauf achtest, wie sie über andere spricht, als wenn du darauf achtest, wie andere über sie sprechen.
(Audrey Hepburn)

Wer die Freiheit aufgibt, um Sicherheit zu gewinnen, wird am Ende beides verlieren.
(Benjamin Franklin)

Du weißt nie, wie stark du bist, bis stark sein die einzige Wahl ist, die du hast.
(Bob Marley)

Wer A sagt muss nicht B sagen. Er kann auch erkennen, dass A falsch war.
(Bertold Brecht)

Ein Mann, der überzeugt wird gegen seinen Willen, bleibt seiner Meinung treu im Stillen.
(Dale Carnegie)

Ein kluger Mann macht nicht alle Fehler selbst. Er gibt auch anderen eine Chance.
(Winston Churchill)

Was andere Menschen von dir denken ist nicht dein Problem.
(Paulo Coelho)

Menschen wurden erschaffen, um geliebt zu werden. Dinge wurden erschaffen, um benutzt zu werden. Der Grund warum sich die Welt im Chaos befindet ist, weil Dinge geliebt und Menschen benutzt werden.
(Dalai Lama)

Es ist gefährlich, anderen etwas vorzumachen, denn es endet damit, dass man sich selbst etwas vormacht.
(Eleonora Duse)

Nutze die Talente, die du hast. Die Wälder wären sehr still, wenn nur die begabtesten Vögel singen würden.
(Henry van Dyke)

Der sicherste Weg zum Erfolg ist immer, es doch noch einmal zu versuchen.
(Thomas Edison)

Wenn die meisten sich schon armseliger Kleider und Möbel schämen, wie viel mehr sollten wir uns da erst armseliger Ideen und Weltanschauungen schämen.
(Albert Einstein)

Wer schweigt, stimmt nicht immer zu. Er hat nur manchmal keine Lust mit Idioten zu diskutieren.
(Albert Einstein)

Nur wer erwachsen wird und ein Kind bleibt, ist ein Mensch.
(Erich Kästner)

Wer sich über das freut, was er hat, hat keine Zeit mehr, über das zu klagen, was er nicht hat.
(Ernst Ferstl)

Manche Hähne glauben, dass die Sonne ihretwegen aufgeht.
(Theodor Fontane)

Egal ob du denkst du kannst es oder du kannst es nicht, du wirst Recht behalten.
(Henry Ford)

Wer immer tut, was er schon kann, bleibt immer das, was er schon ist.
(Henry Ford)

Unser Leben ist viel schwerer, als das unserer Vorfahren, weil wir uns so viele Dinge anschaffen, die uns das Leben erleichtern.
(Gabriel Laub)

Glück ein Leben lang – niemand könnte es ertragen. Es wäre die Hölle auf Erden.
(George Bernard Shaw)

Wenn Freiheit überhaupt etwas bedeutet, dann bedeutet sie das Recht darauf, den Leuten das zu sagen, was sie nicht hören wollen.

(George Orwell)

Gott gab uns nur einen Mund, aber zwei Ohren, damit wir doppelt so viel zuhören wie reden.

(Goethe)

Ein Kluger bemerkt alles, ein Dummer macht über alles eine Bemerkung.

(Heinrich Heine)

Der Mensch wird im Außen nicht finden, was er in seinem Inneren nicht hat.

(Alexandra Herdt)

Damit das Mögliche entsteht, muss immer wieder das Unmögliche versucht werden.

(Herrmann Hesse)

Menschen mit Mut und Charakter sind den anderen Menschen immer sehr unheimlich.

(Herrmann Hesse)

Wenn wir einen Menschen glücklich und heiter machen können, so sollten wir es auf jeden Fall tun, mag er darum bitten oder nicht.

(Herrmann Hesse)

Die gefährlichste aller Weltanschauungen ist die Weltanschauung der Leute, welche die Welt nicht angeschaut haben.
(Alexander von Humboldt)

Die Menschen bauen zu viele Mauern und zu wenige Brücken.
(Isaac Newton)

Man braucht einen eigenen Plan, sonst wird man ganz schnell Teil des Plans von Anderen. Und raten sie mal, was die Anderen für sie geplant haben. Nicht viel!
(Jim Rohn)

Menschen, die verrückt genug sind, um zu denken, sie könnten die Welt verändern, sind diejenigen, die es auch tun.
(Steve Jobs)

Betet nicht für ein einfacheres Leben. Betet dafür, stärkere Menschen zu sein.
(John F. Kennedy)

Einen Vorsprung hat der, der dort anpackt, wo andere erst einmal reden.
(John F. Kennedy)

Fordere viel von dir selbst und erwarte wenig von anderen. So wird dir Ärger erspart bleiben.
(Konfuzius)

Wer zwei Hasen gleichzeitig jagt, wird keinen davon fangen.
(Konfuzius)

Haben sie sich erst einmal unbeliebt gemacht, werden sie auch ernst genommen.
(Konrad Adenauer)

Sorge dich um den Beifall der Leute und du wirst ihr Gefangener sein.
(Laotse)

Die höchste Form menschlicher Intelligenz ist die Fähigkeit, zu beobachten, ohne zu bewerten.
(Jiddu Krishnamurti)

Wer Menschen führen will, muss hinter ihnen gehen.
(Laotse)

Immer die Wahrheit zu sagen, bringt einem wahrscheinlich nicht viele Freunde, aber die Richtigen.
(John Lennon)

Wer im Leben kein Ziel hat, der verläuft sich.
(Abraham Lincoln)

Willst du den Charakter eines Menschen erkennen, so gib ihm Macht.
(Abraham Lincoln)

Zuerst ignorieren sie dich, dann lachen sie über dich, dann bekämpfen sie dich und dann gewinnst du.
(Mahatma Ghandi)

Man muss die Tatsachen kennen, bevor man sie verdrehen kann.
(Mark Twain)

Mit dummen Leuten kann man nicht diskutieren. Sie ziehen dich auf ihr Niveau herab und schlagen dich dort mit ihrer Erfahrung.
(Mark Twain)

Du siehst die Welt nicht so, wie sie ist, du siehst die Welt so, wie du bist.
(Mooji)

Bildung ist die mächtigste Waffe, die du benutzen kannst, um die Welt zu verändern.
(Nelson Mandela)

Es scheint immer unmöglich, bis es einer getan hat.
(Nelson Mandela)

Mutig ist nicht der, der nie fürchtet, sondern der, der seine Furcht besiegt.
(Nelson Mandela)

Wenige Menschen denken, doch alle wollen entscheiden.
(Nietzsche)

Am Ende wird alles gut. Wenn es nicht gut ist, dann ist es auch nicht das Ende.
(Oscar Wilde)

Günstige Winde kann nur derjenige nutzen, der weiß, wohin er will.
(Oscar Wilde)

Jeder Erfolg, den man erzielt, schafft einen Feind. Man muss also mittelmäßig sein, wenn man beliebt sein will.
(Oscar Wilde)

Glücklich sind die Menschen, wenn sie haben, was gut für sie ist.
(Platon)

Du selbst zu sein, in einer Welt, die dich ständig anders haben will, ist die größte Errungenschaft.
(Ralph Waldo Emerson)

Wer nichts weiter tut als Geld zu verdienen, der verdient auch nichts weiter als Geld.
(Rosé Ortega y Gasset)

Gestern war ich klug und wollte die Welt verändern. Heute bin ich weise und will mich verändern.
(Rumi)

Am reichsten ist der, der am wenigsten braucht.
(Seneca)

Wer die Welt bewegen will, muss zuerst sich selbst bewegen.
(Sokrates)

Der einzige Weg großartige Arbeit zu leisten ist, zu lieben, was man tut.
(Steve Jobs)

Nur diejenigen, die es riskieren, zu weit zu gehen, können herausfinden, wie weit sie gehen können.
(T.S. Eliot)

Wer versucht sich immer alle Türen offen zu halten, wird sein Leben auf dem Flur verbringen.
(Unbekannt)

Es ist eine Krankheit der Menschen, dass sie ihr eigenes Leben vernachlässigen, um in den Feldern der anderen nach Unkraut zu suchen.
(Victor Hugo)

Alle Menschen sind klug. Die einen vorher, die anderen nachher.
(Voltaire)

Spare dein Geld immer am Monatsanfang, denn wenn deine Ausgaben erst mal weg sind, bleibt nicht mehr viel übrig.
(Warren Buffett)

Viele Menschen sind gut erzogen, um nicht mit vollem Mund zu sprechen, aber sie haben keine Bedenken, es mit leerem Kopf zu tun.
(Orson Welles)

Viele Leute glauben, dass sie denken, dabei ordnen sie nur ihre Vorurteile neu.
(William James)

Beobachte, hör zu und lerne. Du kannst nicht alles wissen. Jeder, der das glaubt, ist für Mittelmäßigkeit bestimmt.
(Donald Trump)

Deine Zeit ist begrenzt, also verschwende sie nicht, um das Leben eines anderen zu leben.
(Steve Jobs)

Der Hauptgrund dafür, warum die meisten Menschen nicht das bekommen, was sie wollen, ist der, dass sie gar nicht wissen, was sie wollen.
(T. Harv Eker)

Die beste Form der Rache ist Erfolg.
(Unbekannt)

Die Dinge, die man falsch gemacht hat, bereut man nicht so sehr, wie die, die man gar nicht versucht hat.
(Unbekannt)

Die meisten Menschen haben Angst vor dem Tod, weil sie nicht genug aus ihrem Leben gemacht haben.
(Peter Ustinov)

Die Tragödie des Lebens liegt nicht im Nichterreichen seines Ziels. Die Tragödie des Lebens liegt darin, keine Ziele zu haben, die man erreiche kann.
(Benjamin Mays)

Eine Investition in Wissen bringt immer noch die besten Zinsen.
(Benjamin Franklin)

Versuche nicht ein erfolgreicher, sondern ein wertvoller Mensch zu werden.
(Albert Einstein)

Erfolg entsteht, wenn man die Ohren spitzt und den Mund schließt.
(John D. Rockefeller)

Erfolg hat nur, wer etwas tut, während er auf den Erfolg wartet.
(Thomas Alva Edison)

Gewinner tun das, wovor sie sich fürchten.
(Franco Columbo)

Wenn dir nicht gefällt, wie die Dinge sind, ändere sie! Du bist kein Baum!
(Jim Rohn)

Nichts wissen ist keine Schande, wohl aber nichts lernen wollen.
(Sokrates)

Die meisten Menschen hören auf zu suchen, sobald sie eine Nadel im Heuhaufen gefunden haben. Das Geheimnis besteht aber darin, weiterzusuchen, denn im Heuhaufen gibt es noch sehr viel bessere Nadeln.
(Albert Einstein)

Niemand, der sein Bestes gegeben hat, hat es später bereut.
(Unbekannt)

Ein Problem ist halb gelöst, wenn es klar formuliert ist.
(John Dewey)

Schreibe deinen Lebensplan nieder! Du musst wissen, was du willst und dies in großen Umrissen niederschreiben.
(Dr. August Oetker)

Sehe Dich nicht als der Architekt deiner Karriere, sondern als ein Bildhauer. Gehe davon aus, dass du viel hämmern, stemmen, kratzen und polieren musst.
(B.C. Forbes)

Selbstbewusstsein kommt nicht daher, immer richtig zu liegen, sondern daher, keine Angst zu haben auch mal daneben zu liegen.
(Unbekannt)

Wann immer du sagst: „Das hätte ich auch geschafft", denke daran, sie haben es getan.
(Unbekannt)

Was wir am nötigste brauchen, ist ein Mensch, der uns zwingt, das zu tun, was wir können.
(Unbekannt)

Wenn die Guten nicht kämpfen, werden die schlechten siegen.
(Platon)

Wenn du etwas verändern willst, beginne mit dem Menschen, den du jeden Morgen im Spiegel siehst.
(Unbekannt)

Wenn du keinen konkreten Plan hast, wanderst du nur umher. Du kannst ein gutes Schiff oder Flugzeug haben, aber ohne besonderes Ziel, wo du hin willst, irrst du nur herum.
(Arnold Schwarzenegger)

Wenn du nur für Wochenenden und Urlaube lebst, stimmt etwas nicht.
(Gary Vaynerchuck)

Wer etwas will, findet Wege. Wer etwas nicht will, findet Gründe.
(Willy Meurer)

Wer hohe Türme bauen will, muss lange beim Fundament verweilen.
(Anton Bruckner)

Wer kein Ziel hat, kann auch keines erreichen.
(Laotse)

Wer nicht jeden Tag etwas für seine Gesundheit aufbringt, muss eines Tages viel Zeit für die Krankheit opfern.
(Sebastian Kneipp)

Eine Investition in Bildung bringt immer noch die besten Zinsen.
(Benjamin Franklin)

Ich denke wir werden in absehbarer Zukunft nicht unter einzelnen machtversessenen Bösewichten leiden, sondern unter der diffusen Plage der Inkompetenz.
(Jaron Lanier)

Die meisten Leute denken, sich zu fokussieren würden bedeuten, dass man sich auf das, was man gerade tut, konzentriert. Weit gefehlt! Fokus bedeutet, zu den vielen guten Ideen, die man auch alle noch verfolgen könnte, nein zu sagen.
(Steve Jobs)

Ich würde lieber eine begeisterte Person einstellen, als eine Person, die alles weiß.
(John D. Rockefeller)

Veränderung entsteht dadurch, dass gewöhnliche Leute ungewöhnliche Dinge tun.
(Barack Obama)

Die stärksten Leute sind nicht die, die immer gewinnen. Es sind die, die nicht aufgeben, wenn sie einmal verloren haben.
(Unbekannt)

Wer dauerhaft Erfolg haben möchte, sollte sich nicht damit zufriedengeben, dass er zufrieden ist.
(Unbekannt)

Wenn alles gegen dich zu laufen scheint, erinnere dich daran, dass das Flugzeug gegen den Wind abhebt, nicht mit ihm.
(Henry Ford)

Probleme sind Gelegenheit, zu zeigen, was man kann.
(Duke Ellington)

Die Straße zum Erfolg ist immer eine Baustelle.
(Lily Tomlin)

Kritik ist leichter zu ertragen, wenn du einsiehst, dass Menschen, die nicht kritisiert werden, diejenigen sind, die keine Risiken eingehen.
(Donald Trump)

Egal was um dich herum passiert, nimm es nicht persönlich. Nichts, was andere Leute tun, passiert wegen Dir, sondern wegen ihnen selbst.
(Miguel Ruiz)

Ich habe geweint, weil ich keine Schuhe hatte, bis ich einen traf, der keine Füße hatte.
(Giacomo Graf Leopardi)

Willst du etwas wissen, so frage einen Erfahrenen und keinen Gelehrten.

(Chinesische Weisheit)

Die Menschen sind es, die deinen zukünftigen Erfolg bestimmen. Umgebe dich mit guten Leuten und du wirst nicht scheitern.

(Wayne Huizenga)

Erfolg ist eine Treppe, keine Tür.

(Unbekannt)

Geld kommt, wenn man Erfolg hat. Wer Geld anstrebt, wird es aber nie zu einem großen Vermögen bringen.

(Reno Benko)

ZWEI ANGEBOTE (UND EINE KLEINE BITTE)

Danke, dass du dieses Buch gekauft und gelesen hast. Als kleinen Bonus und Lohn für deine Mühe möchte ich dir zwei Angebote machen, die deine Motivation noch weiter steigern können. Beide Angebote sind zu 100 % kostenlos und unverbindlich.

ANGEBOT #1: MEIN BUCHLCUB

Die 22 Zaubertricks aus diesem Buch haben mir in den letzten Jahren sehr dabei geholfen, mich für alles Mögliche zu motivieren. Aber es gibt da noch eine weitere Sache, die noch sehr viel mächtiger ist, und von der ich dir noch gar nicht erzählt habe: Den größten Einfluss auf meine Motivation hatten Hunderte Biografien, Sach- und Ratgeberbücher, die ich in den letzten Jahren gelesen haben. Sie haben mich inspiriert und sie ließen mich meine Probleme und Herausforderungen aus anderen Perspektiven sehen. Mein letzter und bester Ratschlag lautet daher: Lies so viele Bücher, wie du nur kannst!

Da ich aus eigener Erfahrung weiß, dass das Lesen sehr viel Zeit und auch Geld verschlingen kann und dass es oft gar nicht so einfach ist, lesenswerte Bücher zu finden, habe ich einen Buchclub gegründet, in den ich dich herzlich einladen möchte. Wenn du magst, schicke ich dir einmal pro Woche eine Zusammenfassung eines der 100 für mich besten Ratgeber- und Sachbücher aller Zeiten – 100 % kostenlos und unverbindlich. Alles, was du tun musst, ist diese Webseite zu besuchen:

https://www.habitgym.de/buchclub/

ANGEBOT #2: FACEBOOK-GRUPPE

Ganz alleine etwas zu verändern, ist schwer. In Gruppen von Gleichgesinnten klappt es deutlich besser. Und es macht auch sehr viel mehr Spaß. Ich habe daher eine geschlossene Facebook-Gruppe gegründet, zu der nur die Leser meiner Bücher Zutritt haben und in die ich dich hiermit herzlich einladen möchte. Die Gruppe hat schon über 250 Mitglieder, mit denen du dich zu den Themen Lernen, Motivation und Fokus austauschen kannst. Hier findest du die Facebook-Gruppe:

https://www.facebook.com/groups/1343542409022574/

MEINE BITTE AN DICH

Ich wäre dir dankbar, wenn du dieses Buch bei Amazon rezensieren könntest, damit ich weiß, wie das Buch ankommt und wie ich es weiter verbessern kann.

Rufe dazu die Verkaufsseite dieses Buches bei Amazon auf und scrolle hinunter zu den Rezensionen. Klicke dort auf den Button mit der Aufschrift *Kundenrezension verfassen.* Nun wirst du gebeten, das Buch mit ein bis fünf Sternen zu bewerten und einen kurzen Text zu verfassen. Eine Zeile reicht schon aus. Ich danke dir für deine Unterstützung!

WEITERE BÜCHER VON JAN HÖPKER

Erfolg durch Fokus & Konzentration

Erfolg durch selbstbestimmtes Lernen

Informationen zum Inhalt der Bücher findest du bei Amazon und unter dieser Adresse:

https://www.habitgym.de/meine-buecher/

HAFTUNGSAUSSCHLUSS

Printed in Poland
by Amazon Fulfillment
Poland Sp. z o.o., Wrocław

53682620R00061